汽车专业项目一体化课程

汽车定期维护

孙兵凡 主编 ◀◀◀
李世川 李 卫 副主编 ◀◀◀

 化学工业出版社
·北京·

本书以项目化作业的形式进行介绍，主要包括汽车维护基础知识和车身、电气设备、发动机、底盘的检查与维护，共五个单元内容。全书重点介绍实际操作，图文并茂，通俗易懂，实用性强。

本书可作为职业技术院校师生教学及实训的指导书，还可作为汽车维修企业培训的参考教材，也适合初级汽车维修技术工人日常学习使用。

图书在版编目（CIP）数据

汽车定期维护／孙兵凡主编．
—北京：化学工业出版社，2018.3（2018.7重印）
ISBN 978-7-122-31437-6

Ⅰ．①汽⋯ Ⅱ．①孙⋯ Ⅲ．①汽车—车辆维修—教材
Ⅳ．①U472

中国版本图书馆CIP数据核字（2018）第013599号

责任编辑：黄　滢　　　　　　　　装帧设计：刘丽华
责任校对：王素芹

出版发行：化学工业出版社（北京市东城区青年湖南街13号　邮政编码100011）
印　　装：北京虎彩文化传播有限公司
787mm×1092mm　1/16　印张 14　　字数 300千字　　2018年7月北京第1版第2次印刷

购书咨询：010-64518888　　　　　　　　售后服务：010-64518899
网　　址：http://www.cip.com.cn
凡购买本书，如有缺损质量问题，本社销售中心负责调换。

定　　价：59.00元　　　　　　　　　　　　　　　　　　　　版权所有　违者必究

前　言

本套教材包含《汽车定期维护》和《汽车定期维护实训指导书》两个分册，二者配套使用。

《汽车定期维护》按照汽车基础知识部分、车身部分、电气设备部分、发动机部分、底盘部分，分五个单元进行介绍；每个单元又包含若干个作业项目，如"电气设备部分"单元中包含"照明系统检查与维护""雨刮器和喷洗器的检查与维护""制冷系统检查与维护"三个作业项目；每个作业项目中又分成若干个工作任务，如"照明系统检查与维护"项目中分成"车内照明灯的检查与维护""车外照明及信号灯的检查与维护"两个工作任务。

《汽车定期维护实训指导书》以丰田卡罗拉1.6AT轿车4万千米保养作业为例，分别介绍了举升机的操作规范，车辆前期准备和安全检查规范，灯光的检查规范，风挡玻璃喷洗器及刮水器的检查调整规范，转向盘、制动踏板的检查（含喇叭）规范，轮胎的检查规范，制动器的检查规范，底盘螺栓松动和底盘部件密封状况检查规范，机油、机油滤清器的更换操作规范，蓄电池的检查规范，共计十个任务模块的内容。

本套教材由深圳市第二职业技术学校孙兵凡主编，深圳市第二职业技术学校李世川、深圳市宝山技工学校李卫副主编，深圳市第二职业技术学校李海、刘婷、郑灿彬参编。

由于笔者水平所限，书中疏漏和不妥之处在所难免，欢迎各校有关教师和读者予以批评指正，以供修订时参考。

编者

目 录

单元一　基础知识部分 1
  项目一　安全操作认知 1
    任务一　作业须知 1
    任务二　人和车辆的防护 2
    任务三　工作安全 4
  项目二　工量具及设备的使用 6
    任务一　常用手动工具的使用 6
    任务二　风动工具的使用 11
    任务三　测量仪器的使用 13
    任务四　举升机的使用 15
  项目三　维护流程认知 16
    任务　维护作业的实施 16

单元二　车身部分 18
  项目　车身检查与维护 18
    任务一　车辆结构检查 18
    任务二　车身外观检查 20
    任务三　车身功能部件检查 21

单元三　电气设备部分 23
  项目一　照明系统检查与维护 23
    任务一　车内照明灯的检查与维护 23
    任务二　车外照明及信号灯的检查与维护 25
  项目二　雨刮器和喷洗器的检查与维护 28
    任务一　雨刮器的检查与维护 28
    任务二　喷洗器的检查与维护 30
  项目三　制冷系统检查与维护 32
    任务　制冷系统的检查与维护操作 32

单元四　发动机部分 35
  项目一　进气系统检查与维护 35
    任务一　空气滤清器检查与更换 35
    任务二　节气门体检查与维护 38
    任务三　进气管检查与维护 40
  项目二　燃料系统检查与维护 42
    任务一　燃油滤清器检查与更换 42
    任务二　燃油管路检查与维护 44
  项目三　润滑系统检查与维护 45
    任务一　油底壳检查与维护 45
    任务二　机油检查与更换 47
  项目四　点火系统检查与维护 54
    任务一　蓄电池检查与维护 54
    任务二　火花塞检查与维护 58
  项目五　冷却系统检查与维护 61
    任务一　冷却液管路检查与维护 61
    任务二　散热器盖检查与维护 63
    任务三　冷却液检查与更换 65
  项目六　配气机构检查与维护 69
    任务一　正时传动皮带检查与维护更换 69
    任务二　气门间隙检查与维护 72
  项目七　排气系统检查与维护 73
    任务　排气管和消声器检查与更换 73

单元五　底盘部分 76
  项目一　制动系统检查与维护 76
    任务一　行车制动踏板检查与维护 76
    任务二　驻车制动检查与维护 80
    任务三　盘式制动器检查与维护 82
    任务四　鼓式制动器检查与维护 86
    任务五　制动管路检查与维护 88
  项目二　行驶系统检查与维护 91
    任务一　悬架检查与维护 91
    任务二　车轮与轮胎检查与维护 94
    任务三　车桥与车架检查与维护 97
  项目三　传动系统检查与维护 103
    任务一　离合器检查与维护 103
    任务二　变速箱检查与维护 105
    任务三　驱动轴检查与维护 108
  项目四　转向系统检查与维护 110
    任务一　转向操纵机构的检查与维护 110
    任务二　转向传动与助力机构检查与维护 112

参考文献 116

单元一
基础知识部分

项目一　安全操作认知

 知识目标
・理解安全作业的重要性。
・理解正确着装和车辆防护的重要性。
・安全用电与防火的预防与施救措施。

 任务目标
・能进行正确的5S作业。
・能进行正确的着装与车内外防护。

任务一　作业须知

一、学习目标

・能始终安全工作，防止事故的发生。
・能保持工作场地整洁、有序。

二、学习内容

（一）事故

1.事故的因素　事故的因素包括人为因素和自然因素。人为因素包括不正确地使用设备或工具，穿着不合适的衣物或操作人员不小心。自然因素设备、工具出现故障或缺少完整的安全装置以及工作环境不良等。如图1-1所示。

2.事故的危害　事故的后果是指设备损坏或人身伤害。如果在工作中发生事故，不仅会对本人造成伤害，还会危及家庭，甚至对同事和公司造成非常大的影响。

图1-1　人为因素与自然因素

（二）5S

5S是现代企业普遍推行的一种重要管理方法，是保持车间环境、实现快速可靠、安全工作的前提。5S包括SEIRI（整理）、SEITON（整顿）、SEISO（清扫）、SEIKETSU（清洁）、SHITSUKE（素养）。如图1-2所示。

1.SEIRI（整理）　是指确认某种物品是否需要，如不需要应立即丢弃，以便有效利用空间。该物品可以是工具、零件甚至信息。应在指定的地方丢弃不需要的物品。

汽车定期维护

2.SEITON（整顿） 是指对需要的物品，根据使用频率进行整顿，以方便使用。原则：将很少使用的物品放在单独的地方；将偶尔使用的物品放在工作场地；将经常使用的物品放在身边。

3.SEISO（清扫） 是指使工作场地及场地内的所有物品都保持干净的过程。使设备处于完全正常的状态，保证随时都可正常使用。

4.SEIKETSU（清洁） 是指保持整理、整顿、清扫的过程。

5.SHITSUKE（素养） 是指通过持续（长时间坚持）的整理、整顿、清扫、清洁，使之成为习惯的过程。

5S
1.SEIRI（整理）
2.SEITON（整顿）
3.SEISO（清扫）
4.SEIKETSU（清洁）
5.SHITSUKE（素养）

图 1-2　5S

坚持 5S 可以提高工作效率、自信心，实现快速可靠工作。清新的环境，也会给顾客带来良好的感受。

任务二　人和车辆的防护

一、学习目标

· 能正确的着装。
· 能对车辆进行正确的防护。

二、学习内容

（一）人的防护

穿戴整洁的工作服和工作鞋，是职业化形象的具体体现，也是安全生产的具体要求。如图 1-3 所示。

1. 工作服　为了安全和方便工作，工作服必须结实合身。为保证车内外安全，不要将带子、纽扣、手表等坚硬物体暴露在外，同时应保持工作服的整洁。为了防止受伤或烫伤，应规范穿着工作服，尽量不要裸露自己的皮肤。

2. 工作鞋　工作鞋前部有保护钢板，底部可以防滑并且绝缘，可以起到很好的保护作用。为了防止因重物坠落砸伤脚或因工作区域有油污而摔倒，在工作时，应穿符合要求的工

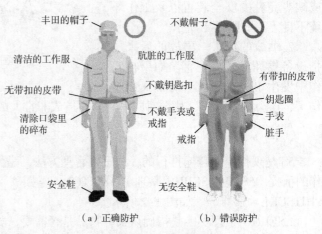

图 1-3　人的防护

作鞋。

3. 工作手套 工作服和工作鞋是在工作中必须按要求穿的，而工作手套并非必须戴，应根据自己的作业内容来决定。如提升重物或拆检类似排气管等热的物体时必须戴手套，以免受伤；在操作旋转性设备时，禁止戴手套。

在工作中，如操作会产生碎片的旋转性工具时，还应佩戴护目镜。

（二）车辆的防护

在对客户车辆进行维修或保养操作前，必须对客户车辆的内外作好防护工作，这不仅为了保护车辆，也能体现企业"客户至上"的理念。为了避免在操作时弄脏客户车内，应铺好地板垫、座椅套、方向盘套、换挡杆套等；为了避免在操作时损坏或腐蚀车辆外部，应铺好翼子板布、前围；为了可靠保证车辆不移动，还应放好车轮挡块。如图1-4所示。

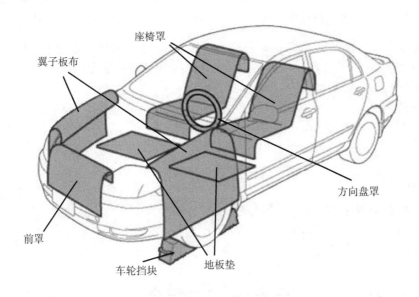

图1-4 车辆的内外防护

此外，为了保护操作环境，在启动发动机前还应接上烟道。在对车辆维护操作完成后，还应对车内外进行清洁。

（三）操作步骤

图1-5 安装车轮挡块和烟道

图1-6 车内防护

汽车定期维护

1. 安装车轮挡块和烟道，如图1-5所示。
2. 车内防护的安装：套座椅套、方向盘套、排挡杆套，铺地板垫，如图1-6所示。

图1-7 拉发动机舱盖释放杆

图1-8 车外防护

3. 拉起驻车制动，降下驾驶席车窗玻璃，拉发动机舱盖释放杆，如图1-7所示。
4. 打开发动机舱盖，进行车外防护的安装，铺翼子板布和前格栅布，如图1-8所示。
5. 收翼子板布和前格栅布，并关闭发动机舱盖。
6. 升车窗玻璃。
7. 拆除车内防护、车轮挡块和烟道。
8. 对车内外做好5S。

三、考核评价

1. 车轮挡块和烟道是否安装及安装是否到位。
2. 车内外防护是否齐全和到位。
3. 驻车制动杆是否拉起。

任务三　工作安全

一、学习目标

- 掌握防止火灾的安全措施。
- 会正确使用电气设备。
- 能正确处理火灾警报。

二、学习内容

（一）防火（图1-9）

1. 预防

（1）不得在工作场所吸烟。如在吸烟区吸烟后，应确认烟头熄灭在烟灰缸里。

（2）不得在正在充电的蓄电池旁使用明火或产生火花的设备，因为在充电时蓄电池会产

图1-9 防火

生可燃性气体——氢气。

（3）在机油存储地或可燃性的零件清洗剂附近，不得使用明火。

（4）仅在必要时才将燃油或清洗剂带到车间，携带时还应使用密封的容器。

（5）吸满机油和汽油的碎布在特定条件下，可能发生自燃，所以应将其放入带盖的金属容器内。

（6）不得将可燃性废机油或燃油倒入污水管道，这不仅会造成环境污染，还将可能造成污水管道发生火灾，应将这些废油倒入指定的回收容器内。

（7）在维修车辆燃油系统前，应断开蓄电池的负极，在没有修好前，可以防止误启动。

图1-10 防火

（8）让学生知道灭火器、灭火沙、消防栓放在何处，怎么使用。如图1-10所示。

2. 施救

如发生火灾，首先拨打火警电话119，在消防员没有到达现场前，所有人员应配合扑灭火焰。

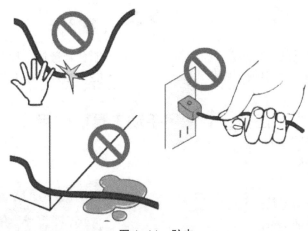

图1-11 防电

（二）防电（图1-11）

1. 预防

（1）拔电缆插头时，不要拉电线，而应拉插头本身。

（2）对于标有故障的电气开关，千万不要触碰。

（3）不要靠近断裂或摇晃的电线。

（4）千万不要用湿手接触电气设备。

（5）千万不要让电线通过尖角、潮湿、有油污、高温的地方。

（6）千万不要在电动机、配电箱等附近使用易燃物。

（7）如发现电气设备不正常，应立即关闭开关，如图1-12所示。

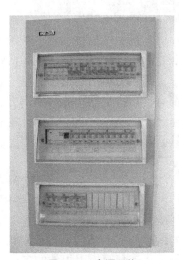

图1-12 电源开关

2. 施救

如果因电路或电气设备引起火灾或人身伤害,应先断开电源开关,再施救。

(三)险情报告

无论何时,在车间发现险情,都应立即向上级汇报。

(四)实训内容

让学生知道实习车间电源总开关和消防设备的位置,并明确如何规范使用。

三、考核评价

1. 实习车间的电源总开关和消防设备的位置是否明确。
2. 灭火器、灭火沙、消防栓选用是否正确,使用是否规范。

项目二　工量具及设备的使用

知识目标
- 掌握常用工量具的使用规范。
- 掌握举升机的结构与使用规范。

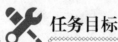
任务目标
- 能合理选择、规范使用工量具。
- 能规范操作举升机。

任务一　常用手动工具的使用

一、学习目标

- 能合理选用手动工具。
- 会正确使用手动工具。

二、学习内容

在汽车维修保养中,常用的手动工具主要有成套套筒扳手、梅花扳手、开口扳手、扭力扳手、钳子、螺丝刀、活动扳手、锤子、刮刀等。每件工具都有自己特定的功能和使用方法,如果用于规定用途之外或使用方法不正确,将有可能造成零件、工具甚至人的严重伤害。使用完后,还应保持放置有序,及时清洁或涂油保养。

1. 成套套筒扳手　该工具是由一套多规格的套筒和手柄及接杆等组成的多用途扳手,如图1-13所示。根据工作条件和螺栓/螺母的大小,选择不同的套筒和手柄后,可以轻松快速地拆下螺栓/螺母。成套套筒扳手组件的多少取决于其型号。

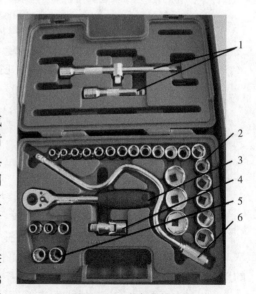

图1-13　成套套筒扳手

1—加长杆;2—六角套筒;3—棘轮手柄;4—万向节;5—双六角套筒;6—摇把

（1）套筒　套筒的接口有大小两种规格，大的比小的可以获得更大的扭矩，如图1-14（a）所示；套筒的深度有标准型和深型两种，深型主要用于螺栓突出的场合，如图1-14（b）所示；套筒的钳口有六角和双六角之分，应根据螺栓/螺母的形式合理选用，如图1-14（c）所示。套筒的大小尺寸有多种，应根据螺栓/螺母尺寸正确选择。

（2）加长杆　加长杆有长短之分，主要用于拆装装得太深不易接触的螺栓/螺母；也用于将工具抬高，便于使用。如图1-15所示。

（3）棘轮手柄　棘轮手柄需与套筒配合使用，可以实现在有限的空间里快速拆装螺栓/螺母。棘轮手柄可以调节旋向，在使用时要根据使用情况合理选择。在使用中切忌施加较大扭矩，大的扭矩将导致棘轮手柄中的棘轮棘爪机构损坏。如图1-16所示。

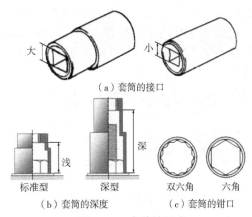

图1-14　套筒的形式

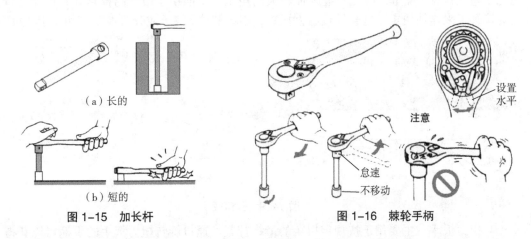

图1-15　加长杆　　　　图1-16　棘轮手柄

（4）滑动手柄　通过移动滑动手柄上的套头，滑动手柄可以有两种使用方法：L型——可以实现施加较大扭矩；T型——可以增加拆装速度。如图1-17所示。

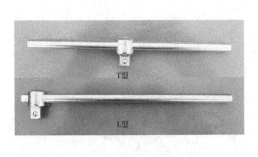
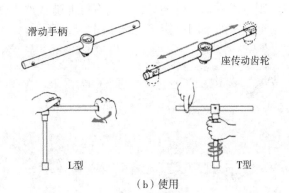

图1-17　滑动手柄

汽车定期维护

2. 梅花扳手 梅花扳手可以对螺栓／螺母施加较大的扭矩，其尺寸有多种规格，并有长短之分，短型主要用于长度方向空间有限的场合。由于可以完全包住螺栓／螺母，因此没有损坏螺栓／螺母的可能，并可施加大扭矩。由于梅花扳手的轴是有角度的，因此可方便地用于拆装凹进或平面上的螺栓／螺母。如图1-18所示。

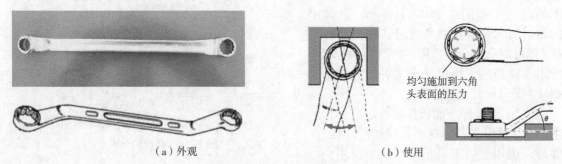

图1-18 梅花扳手

3. 开口扳手 主要用于不能使用成套套筒扳手和梅花扳手拆装螺栓／螺母的场合。为防止相对的零件转动，可以用两个开口扳手配合使用，如拧松燃油管、调整前轮前束。由于不能完全包住螺栓／螺母，因此不能施加较大的扭矩，不能用于最终的拧紧。不可在开口扳手上套接管子来增加扭矩，这会导致超大扭矩，损坏螺栓／螺母或开口扳手。如图1-19所示。

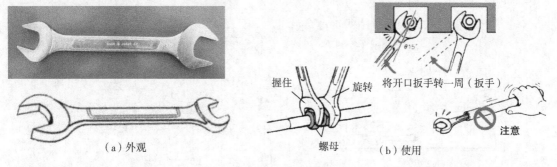

图1-19 开口扳手

4. 扭力扳手 主要用于按规定扭矩的最终拧紧。通过旋转扭力扳手的手柄可以获得不同的扭力（上有刻度），在扭力扳手的前部有调节旋向的装置。在使用前，调至规定扭力，并锁紧，再确认旋向后方可使用；在使用中，要坚持采用拉的姿势，如空间限制无法采用拉的姿势则可用手掌推的姿势，否则有可能造成严重伤害。扭力扳手的旋向调节和锁紧装置的形式根据厂家的不同可能不同。如图1-20所示。

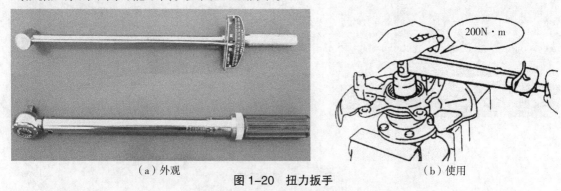

图1-20 扭力扳手

5. 钳子

（1）尖嘴钳　用于在密封的空间里操作或夹紧小零件。在钳子的颈部还有一组刀口，用于切割细导线或剥掉电线外面的绝缘层。不可在钳子头部施加大的力，这将导致钳口变形。如图 1-21 所示。

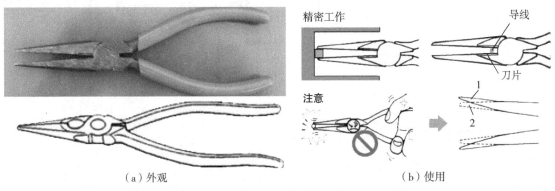

(a) 外观　　　　　　　　　　(b) 使用

图 1-21　尖嘴钳

（2）鲤鱼钳　主要用于夹东西，如卡箍等，也可利用刀口剪断导线。通过改变支点的位置，可以调节钳口张开的程度，以实现不同的用途。在夹紧易损件时，需要对易损件做好防护，如在外面包裹防护布。如图 1-22 所示。

6. 螺丝刀　主要用于拆装螺钉。有十字（正型）和一字（负型）之分。在使用时，要选择与螺钉槽口尺寸相适合的螺丝刀，并要使螺丝刀与螺钉尾端保持直线，边用力边转动。切勿使用其他工具来增加螺丝刀上的扭矩，这将导致螺丝刀或螺钉的损坏。如图 1-23 所示。虽然普通螺丝刀应用最为广泛，但穿透螺丝刀、短柄螺丝刀、方柄螺丝刀、精密螺丝刀也得到一定的应用。如图 1-24 所示。

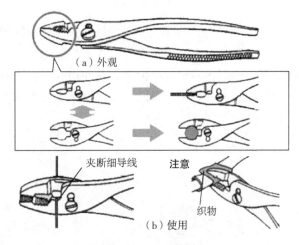

图 1-22　鲤鱼钳

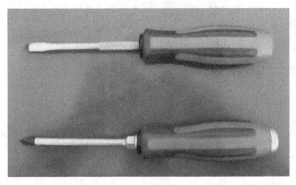

(a) 外观

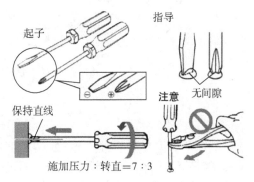

(b) 使用

图 1-23　螺丝刀

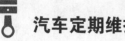

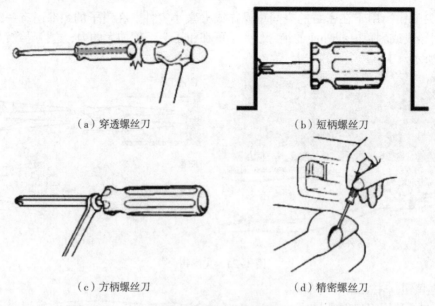

图 1-24 其他类型螺丝刀

7. 活动扳手　主要用于尺寸不规则的螺栓螺母。通过调节螺杆可以改变开口的开度，一个活动扳手相当于多个开口扳手，在使用时，要调节钳口使之与螺栓螺母头部无间隙。开口扳手不能施加大的扭矩。要使活动钳口在旋转方向上来转动扳手，否则扭力将施加在调节螺杆上，使其损坏。如图 1-25 所示。

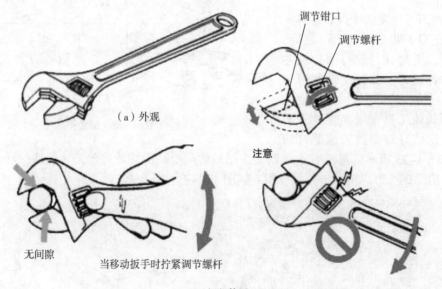

图 1-25 活动扳手

8. 锤子　主要用于通过敲击拆装零部件。常用的有球头销锤子、塑料锤、检修锤。球头销锤子有铸铁头部；塑料锤主要用于通过振动拆卸零部件，同时可避免损坏零部件；检修锤主要用于通过敲击的声音和振动来检查螺栓的松紧度。如图 1-26 所示。

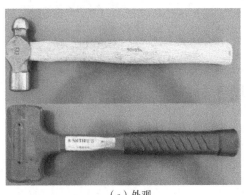
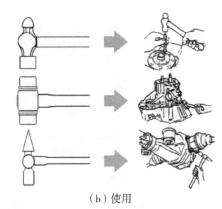

（a）外观　　　　　　　　　　　　（b）使用

图 1-26　锤子

9. 刮刀　主要用于拆卸气缸盖、油底壳等各结合表面的液态密封胶及胶黏物表面上的其他东西。当使用在易于损坏的表面上时，刮刀应包裹塑料带；切勿把手放在刀片前，否则刀片可能会伤害到你。如图 1-27 所示。

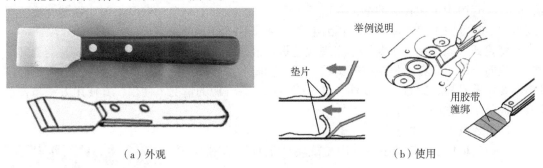

（a）外观　　　　　　　　　　　　（b）使用

图 1-27　刮刀

三、考核评价

1. 工具选择是否正确。
2. 操作是否规范（包括使用方法和操作姿势）。
3. 作业完毕是否进行 5S。

任务二　风动工具的使用

一、学习目标

- 能合理选用风动工具。
- 会正确使用风动工具。

二、学习内容

风动工具是以压缩空气为动力源，用于实现快速拆装螺栓/螺母的工具。在汽车维修企业，为了提高生产效率，一般都配有该工具。目前使用比较多的是冲击式气动扳手和棘轮式气动扳手。如图 1-28、图 1-29 所示。

汽车定期维护

图1-28 冲击式气动扳手　　　　图1-29 棘轮式气动扳手

1. 冲击式气动扳手　主要用于实现拆卸大扭矩的螺栓/螺母，俗称风炮。该工具的输出扭矩和旋转方向可以根据使用对象进行调整。在使用冲击式气动扳手时，请与工具箱内的专用套筒扳手配合使用，专用的套筒扳手经过专门加工，其特点是能防止套筒从传动装置上松脱，同时该套筒为了在较大的冲击载荷下不致损坏，增加了套筒的壁厚，即加强型套筒。扭矩调整和旋转方向按钮的位置、形状因生产厂家的不同而不同。

2. 棘轮式气动扳手　主要用于实现快速拆卸和安装小扭矩的螺栓/螺母。该风动工具可以改变旋向，但不可以对扭矩进行调整，可与套筒和加长杆配合使用，在使用时，要确保排风口不要对着螺栓、螺母、小零件、机油等。在没有气源的情况下使用，其使用方法与普通的棘轮扳手使用方法一致。

3. 冲击式气动扳手的使用注意事项

（1）在使用时请勿戴手套，因是旋转性工具。如图1-30所示。

（2）在使用前请确认套筒和气源连接牢靠，选择适当的挡位和旋向，并在使用前确认。

（3）选择的气源气压应符合规定。

（4）选择的套筒种类和大小应符合要求。

（5）使用时要确认套筒与螺母完全套好结合再打开气动扳手，否则会损坏螺母或螺纹。

（6）如用于旋紧螺母时，请使用小挡位小扭矩旋紧，并在使用前确认螺纹螺母完全旋合。

（7）如果从螺栓上完全取下螺母，则旋转力有可能使螺母飞出。

图1-30 冲击式气动扳手使用时勿戴手套

（8）在操作时，手要握紧气动扳手并给予一定的正压力，因为接通气动扳手时会释放比较大的扭矩，这将引起振动。

（9）定期检查气动扳手并用气动扳手油进行润滑和防锈是非常必要的。

三、考核评价

1. 使用前是否检查套筒和气源连接可靠。
2. 使用前是否确认挡位和旋向（检查旋向时应不接套筒）。
3. 使用完毕后是否进行5S。

任务三　测量仪器的使用

一、学习目标

- 能合理选用测量仪器。
- 会正确使用测量仪器。

二、学习内容

（一）游标卡尺

游标卡尺的量程有 0~(150, 200, 300)mm，测量精度为 0.05mm，可以测量长度、外径、内径、深度。游标卡尺，如图 1-31 所示。

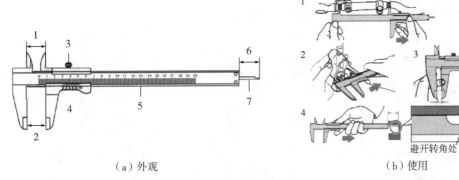

（a）外观　　　　　　　　　　　　（b）使用

图 1-31　游标卡尺

1—内径测量爪；2—外径测量爪；3—止动螺钉；4—游标尺刻度；5—主标尺刻度；6—深度测量；7—深度测量杆

测量值的读取：读数大于 1.0mm 时，读取主标尺刻度的数值，其位于游标"零"的左边，如 A 为 45mm，读数小于 1.0mm 大于 0.05mm 的数值，读取游标上的刻度与主测量刻度相对齐的点，如 B 为 0.25mm，最终的测量值为 $A + B = 45 + 0.25 = 45.25$mm。如图 1-32 所示。

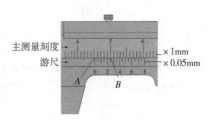

图 1-32　游标卡尺的读数

（二）千分尺

千分尺的量程有 0~25mm、25~50mm、50~75mm、75~100mm 四种。测量精度为 0.01mm。主要用来测量厚度与外径。千分尺的组成，如图 1-33 所示。

测量前，首先清洁测量毡，校零，如不在零位可用调整扳手进行调整；测量时，旋转套筒直到轴轻触被测件，并保证测毡与被测件正确接触，然后转动棘轮定位器，直到空转几次后读取测量值。

测量值的读取：读出至 0.5mm 的值，读出在套管刻度上可以看见的最大值，如 $A = 55.5$mm；读出 0.5mm 以下 0.01mm 以上的值，读取套筒上的刻度与套管上的

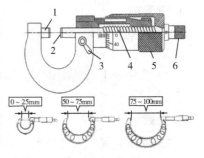

图 1-33　千分尺

1—测毡；2—轴；3—锁销；4—螺钉；
5—套筒；6—棘轮定位器

刻度对齐点的数值，如 $B = 0.45$mm，最终的测量值为：$A + B = 55.5 + 0.45 = 55.95$mm。如图 1-34 所示。

（三）百分表

百分表主要用于测量轴的弯曲、端面圆跳动等，测量精度为 0.01mm。如图 1-35 所示。

将百分表与磁性表座相连，可以实现测量弯曲度、端面圆跳动，与内径测量杆相连，可以测量气缸内径。测量时，要使测量头垂直于被测面，并设置指针位于量程的中间位置，以提高灵敏度。如图 1-36 所示。

测量值的读取：读取表盘指针在表盘内偏摆的最大刻度。如左右偏摆 7 个刻度，则偏差为 0.07mm。

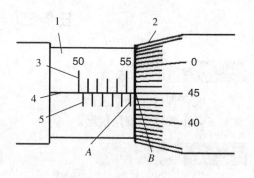

图 1-34 千分尺的读数

1—套管；2—套筒；3—1mm 递增；4—套管上的基线；5—0.5mm 递增

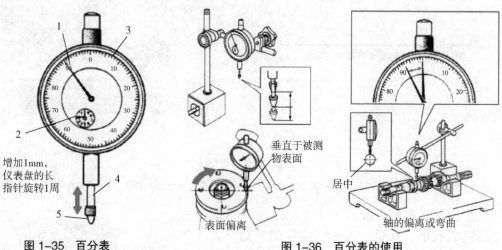

图 1-35 百分表

1—长指针（0.01mm 递增）；2—短指针（1mm 递增）；
3—表盘（可旋转，使指针对零）；4—伸缩轴；
5—测量头

图 1-36 百分表的使用

（四）精确测量的要点

1. 测量前

（1）清洁被测零部件和仪器：零部件和测量仪器的脏污，将导致测量误差，所以测量前应清洁。

（2）按照要求的精度选择测量仪器。

（3）校零。

2. 测量时

（1）测量位置应符合规范，如制动盘圆跳动的测量点在离外边缘 1mm 处。

（2）测量头（毡）要与被测零部件垂直。

（3）读取测量值时，眼睛要与刻度垂直。

3. 测量后

（1）要清洁测量仪器，并放回原处。

（2）如果长时间放置不用，还需涂油防锈。

三、考核评价

1. 量具选择是否正确。
2. 测量前是否对被测零件和量具进行清洁。
3. 测量前量具是否校零。
4. 测量点选择是否正确。
5. 测量头与被测件是否垂直。
6. 读取测量值时方法是否正确。
7. 测量完后对测量仪器是否清洁。

任务四　举升机的使用

一、学习目标

- 掌握举升机的操作方法，了解操作注意事项。
- 能按照规范正确使用举升机举升车辆。

二、学习内容

举升机是汽车维修企业必备的设备之一，常用的有立柱式举升机和剪式举升机两种。

（一）立柱式举升机

1. 结构　如图1-37所示。
2. 使用　汽车维修企业很多重大事故是由举升机操作不当导致，因此，使用举升机一定要遵守操作规范。操作步骤如下。

（1）上升时

①调整四个垫块高度一致，并预放托臂。

②举升至即将接触车辆时，放置托臂（对准支撑点）。

③再次举升车辆，在稍稍接触车辆时，再次检查托臂。

④举升车辆至车轮刚离地面，检查车辆的稳定性（在车前后轻轻晃动车辆）。

⑤举升至操作位置停止并施加保险。

（2）下降时

①稍举升车辆，并解除保险。

②下降至地面，如不下降至地面，还应施加保险

图1-37　立柱式举升机

1—托臂；2—垫块；3—举升操作按钮；4—下降操作臂

后才可操作。

操作注意事项如下。

（1）在上升或下降时，都应在取得同伴同意后才可操作。

（2）在上升或下降时，眼睛要注视车辆，观察是否同步，如发现异常，应停止举升或下降，并采取可靠措施，避免车辆意外坠落，切忌东张西望。

（3）认真学习和掌握使用说明书中的各项安全注意事项并认真执行，严禁超载使用，并特别注意防止偏载。

（4）严禁带故障使用举升机。

图 1-38　剪式举升机

（二）剪式举升机

1. 结构　如图 1-38 所示。

2. 使用　其使用方法与注意事项同立柱式举升机，不同之处是，举升前放置好垫块，在车辆受力后再次检查垫块的放置，在举升至操作位置后，应锁止并关闭控制面板上的电源开关。如图 1-39 所示。

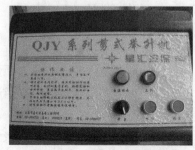

图 1-39　控制柜控制面板

三、考核评价

1. 上升或下降时，是否都在取得同伴同意后才操作。
2. 支撑点是否准确。
3. 是否检查车辆稳定性。
4. 举升或下降过程中，操作人员是否目视车辆。
5. 举升至操作位置停止是否施加保险，对于剪式举升机还包括是否关闭电源开关。
6. 操作步骤是否齐全。

项目三　维护流程认知

 知识目标

· 熟悉维修部门的人员构成及各自的工作职责。
· 熟悉维修车间的业务流程。

 任务目标

· 模拟进行维护流程。

任务　维护作业的实施

一、学习目标

· 理解维护作业的一般流程。
· 能正确实施维护作业流程。

二、学习内容

（一）维修部门人员

主要由业务人员、管理员、班组长、维修人员组成。

（二）维修车间的一般操作（图1-40）

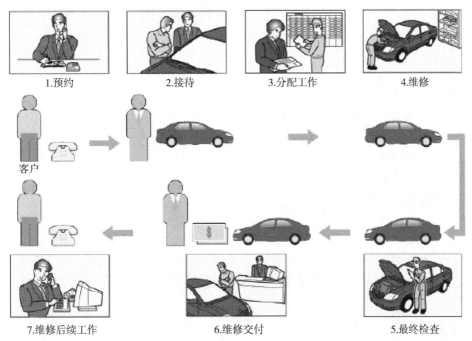

图1-40　维修车间的一般操作

1. 预约　主要由业务人员负责。任务：倾听客户的需求并做好记录，如车型、时间、估算等；安排预约并通知管理员与配件部门。

2. 接待　也主要由业务人员负责。任务：顾客到达后问候客户；说明维修工作，特别是时间和费用；取得客户对维护工作的批准；填写修理单，记录客户的需求，检查维修记录；进行车辆的全身检查，避免不必要的麻烦；将修理单转交给管理员以安排任务。

3. 工作分配　主要由管理员负责。任务：根据完成任务的时间及技术水平分配任务。

4. 维修　主要由维修人员负责。任务：接受工作任务（修理单）；根据工作任务到仓库领零部件；在允许的时间内完成任务；向班组长确认工作完成。对于难度高的任务，班组长要给维修人员提供技术帮助。如果在维护作业过程中，维修人员发现不能按时完成工作任务或需要其他零部件时，一定要向班组长或管理员及时汇报，并根据指示进行工作或开始另一项工作。

5. 最终检查　主要由班组长负责。任务：进行完工后的检查；向管理员确认工作完成。管理员再向业务人员确认工作完成，准备交付。

6. 维修交付　主要由业务人员负责。任务：检查车辆是否清洁；准备将更换的零部件给客户看；准备为所有费用开出发票；电话通知客户，确认车辆准备交付。在业务人员或客户要求时，管理员提供技术说明。

7. 维修后续工作　主要由业务人员负责。任务：对客户作所完成的工作满意度调查。

单元二 车身部分

项目 车身检查与维护

知识目标
· 了解车内外部件名称和检查项目。
· 了解汽车漆面的组成与汽车玻璃的种类。

任务目标
· 能对车内外部件进行检查。

任务一 车辆结构检查

一、学习目标

· 熟悉各种车身结构。
· 会描述车身部件名称。

二、学习内容

（一）车身形式

车身是车辆承载人或货物的部分，有许多不同样式的车身。车身结构有车架式和整体式之分，车架式车身由分开的车架和车身组成；整体式车身车架和车身为一整体，并具有一定的强度。另外，车身一般由发动机舱、乘员舱、行李舱三部分组成，如果三部分分别独立，则称为三厢车；如果乘员舱和行李舱为一整体，则为两厢车；如果三部分为一整体，则称为单厢车。

（二）车外部件名称（图2-1）

（三）车内部件名称（图2-2）

（四）车内外部件检查

主要检查车内外部件功能是否正常或外观有无变形损坏或脏污。

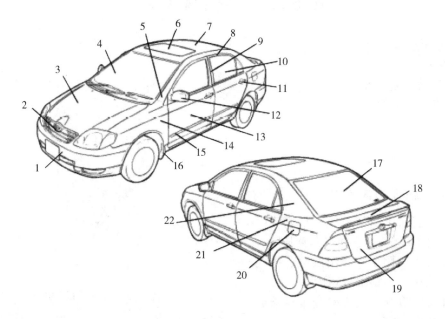

图 2-1 车外部件

1—保险杠；2—散热器护栅；3—发动机盖；4—风挡玻璃；5—前柱；6—天窗；7—车顶板；8—门框；9—中柱；10—门窗玻璃；11—外侧门把手；12—后视镜；13—门板；14—前翼子板；15—防擦条；16—挡泥板；17—后窗玻璃；18—后扰流器；19—后备厢盖；20—加油口盖；21—后翼子板；22—后柱

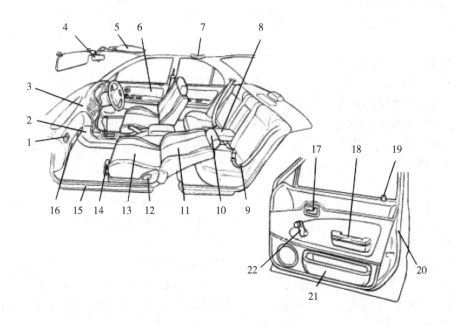

图 2-2 车内部件

1—出风口；2—中控台；3—仪表板；4—车内后视镜；5—遮阳板；6—车门饰件；7—辅助把手；8—后座中央扶手；9—安全带；10—头枕；11—座椅靠背；12—座椅调节钮；13—座椅；14—座椅移动杆；15—皱褶板；16—手套箱；17—车内把手；18—门扶手；19—车门锁止按钮；20—密封条；21—车门储物带；22—车窗玻璃调节把手

任务二 车身外观检查

一、学习目标

- 能正确描述各种涂层。
- 理解各种汽车玻璃的作用。
- 能正确对车身外观进行检查。

二、学习内容

（一）车辆漆面的涂层

1. 车辆漆面的作用与组成　车辆漆面具有防生锈、防阳光直射、加强车身强度、美化车辆外观等作用。主要由底漆、中间涂层、面涂层组成。如图2-3所示。

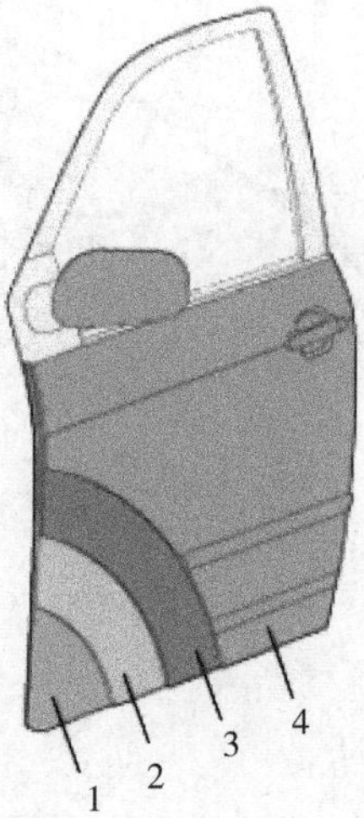

2. 车身漆面检查　主要检查车身漆面有无油污、损坏、划痕。

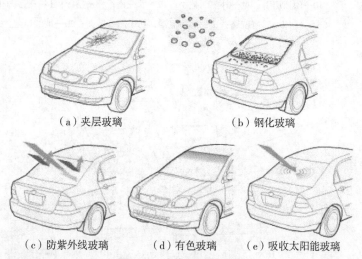

图2-3　车辆漆面涂层

1—金属板；2—底漆（防生锈）；3—中间涂层（使底漆光滑）；4—面涂层（美化车身外观）

（二）汽车玻璃

汽车玻璃是汽车上重要的部件之一，除了具有透明的特性外，在碰到物体不易碎的特性还能够有效地保护乘员的安全。

汽车玻璃的种类较多，如图2-4所示。图2-4（a）为夹层玻璃，将一种透明的具有防紫外线的薄膜夹在两层普通玻璃中间，并压在一起，能有效防止物体穿透玻璃，目前这种玻璃一般用作前风挡玻璃。图2-4（b）为钢化玻璃，这种玻璃的强度是普通玻璃的4倍，在遭到强烈碰撞时会碎成微小的颗粒，最大限度地减少对人体的伤害，一般用在侧窗玻璃上。图2-4（c）为防紫外线玻璃，可以减少90%～95%的紫外线。图2-4（d）为有色玻璃，一般是绿色或青铜色有遮光带的玻璃，用作前风挡玻璃。图2-4（e）为吸收太阳能玻璃，可以减少由阳光直射而导致的车内温度升高。

（a）夹层玻璃　（b）钢化玻璃

（c）防紫外线玻璃　（d）有色玻璃　（e）吸收太阳能玻璃

图2-4　汽车玻璃的种类

（三）汽车玻璃的检查

主要检查外观有无开裂或破损。

任务三　车身功能部件检查

一、学习目标

- 理解各种车身功能部件的用途。
- 能正确检查和调整各功能部件。

二、学习内容

（一）座椅

1. 功能　座椅具有支撑乘员身体和缓和路面冲击的作用。主要由头枕、靠背、腰部支撑、软垫组成，为了确保舒适和降低长时间驾驶带来的疲劳感，要求座椅可以调节。如图2-5所示。不同的座椅可能具有不同的调节装置，具体情况参见车型说明书。

2. 检查　主要检查座椅功能及各调节装置功能是否正常。

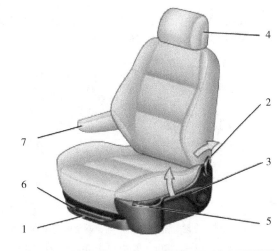

图2-5　车辆座椅（标志307）

1—前后调节；2—靠背倾角调节；3—软垫高度调节；
4—头枕高度与倾角调节；5—座椅加热开关；
6—储物抽屉；7—前座椅活动扶手

（二）安全带

1. 功能　安全带是车辆重要的被动安全装置之一，与安全气囊配合使用可以最大限度地降低对人员的伤害。当突然刹车或发生碰撞时，由于具有很强的惯性力，乘员身体向前移动，此时安全带可以适当地把乘员固定在座椅上，避免乘员碰到前方的方向盘或风挡玻璃，甚至被抛出车外。安全带有两点式和三点式两种，两点式一般用于后排中间座椅，其他位置一般用三点式。如图2-6所示。

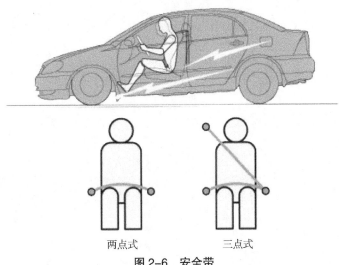

图2-6　安全带

2. 检查 在安全带上施加较大的加速度，安全带应锁住；轻轻拉出安全带插入卡槽，应联结牢固。

（三）电动车窗

1. 功能 电动车窗可以方便地实现车窗玻璃的升降，是汽车提高舒适性的配备之一。在驾驶员侧有各车窗的控制按钮，如图2-7所示。

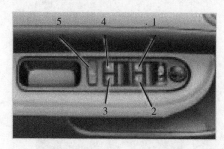 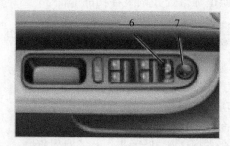

图2-7 电动车窗（标志307）

1—驾驶员电动车窗开关；2—前排乘员电动车窗开关；3—右后座电动车窗开关；4—左后座电动车窗开关；5—后排电动车窗控制钮关闭开关；6—电动后视镜选择开关；7—电动后视镜调整开关

电动车窗一般有手动功能和自动功能。手动功能是指轻轻上拨或下按开关，车窗升降，一旦松开开关后，车窗立即停止升降。自动功能是指用力上拨或下按开关到底，车窗将自动升降，完全打开或关闭。此外，还有的车窗具有防夹功能，车窗在上升的过程中，遇到障碍会停下并小幅下降。

2. 检查 主要检查各控制键功能是否正常。

单元三

电气设备部分

项目一　照明系统检查与维护

 知识目标
- 了解车内外照明灯及信号灯的功用。
- 掌握车外照明及信号灯的操作方法。

 任务目标
- 能正确进行车内外照明灯及信号灯的检查与维护。

任务一　车内照明灯的检查与维护

一、学习目标

- 理解各类车内照明灯的作用。
- 会正确检查各类车内照明灯。

二、学习内容

车内照明灯主要有阅读灯、车厢灯、后备厢灯，有些车还有手套箱灯。

（一）阅读灯

1. 功能　阅读灯位于前排或后排乘员或驾驶员席上方，主要是提高车内明亮度。按下相应的按键可打开或关闭阅读灯。如图3-1所示。

2. 检查　主要检查各按钮控制功能是否正常以及灯泡是否损坏不亮。

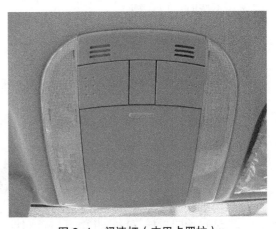

图3-1　阅读灯（丰田卡罗拉）

（二）车厢灯

1. 功能　车厢灯位于前排或车厢中部的厢顶部，主要也是提高车内明亮度。需要点亮车厢灯时，可将开关滑移。

车厢灯开关具有以下位置，如图3-2所示：
ON—全时间内，保持灯在发亮的状态；
OFF—将灯熄掉；DOOR—任何一扇车门打开时，此灯发亮，所有的车门都关闭后，此灯熄灭。

当开关在"DOOR"位置时，只要打开任何一扇车门灯就会点亮。当所有的车门关闭之后，灯在熄灭之前都将点亮并保持约30s。但是，

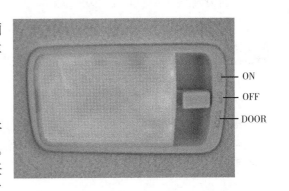

图3-2　车厢灯

在下列场合，灯将立刻熄灭。

（1）当点火钥匙在"ON"位置时所有的车门被关闭；

（2）用无线遥控发送器关闭所有的车门并锁定。

2.检查　主要检查各按钮控制功能是否正常以及灯泡是否损坏不亮。对于门控（车门关联）灯的检查可把开关打到"DOOR"位置，点火开关打到"ON"位置，打开车门时车厢灯应亮，关闭所有车门时车厢灯应熄灭。门控灯开关位于车门与车身结合部位，如图3-3所示。

图3-3　门控灯开关

（三）后备厢灯

1.功能　后备厢灯位于后备厢内部的一侧，主要是提高后备厢的明亮度，方便驾驶员在晚间或光线不足的情况下存取物品。

2.检查　打开后备厢时，此灯应亮，通过按压如图3-4所示按钮进行检查。按下时，应熄灭；不按时，应点亮。

（四）操作步骤

1.安装车轮挡块和排烟道。

2.车内防护的安装：套座椅套、方向盘套、排挡杆套，铺地板垫。

3.拉起驻车制动，将点火开关打到"ON"，并降下驾驶席车窗玻璃。

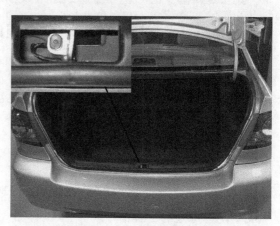

图3-4　后备厢灯开关

4.对阅读灯、车厢灯进行检查：车厢灯的门控关联作用的检查方法：将车厢灯打到"DOOR"，在所有车门均关闭的情况下，任意打开一扇车门，车厢灯应亮起；关闭时，车厢灯应熄灭。

5.拉后备厢盖释放杆，并检查后备厢灯。

6.升车窗玻璃并关闭点火开关。

7.拆除车内防护、车轮挡块和烟道。

8.对车内外做好5S。

三、考核评价

1.车轮挡块和烟道是否安装。

2.车内防护是否齐全和到位。

3.驻车制动杆是否拉起。

4.车内照明灯的检查项目是否齐全，方法是否正确。

5.操作步骤是否齐全正确。

任务二　车外照明及信号灯的检查与维护

一、学习目标

- 了解车外照明及信号灯的类型、操作方法以及功用。
- 掌握车外照明及信号灯的检查方法。

二、学习内容

车外照明灯主要有前大灯、前后雾灯、倒车灯、牌照灯等；车外信号灯主要有示宽灯（小灯）、尾灯、转向灯、危险警告灯、制动灯等。检查间隔为每10000km或6个月。

（一）灯光的操作与功用

1. 小灯、仪表板灯、尾灯、牌照灯　将灯光组合开关如图3-5所示向上旋动一挡，小灯、仪表板灯、尾灯、牌照灯应亮起。

功用：在能见度低的情况下，打开这些灯将起到警示的作用，同时还能方便驾驶员看清仪表板。

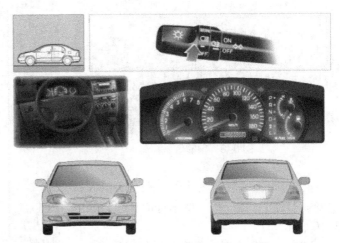

图3-5　小灯、仪表板灯、尾灯、牌照灯

2. 前大灯　将灯光组合开关如图3-6所示向上旋动两挡，近光灯及仪表板上近光灯指示灯应亮起；然后如图3-7所示下压灯光组合开关，远光灯仪表板上远光灯指示灯应亮起。如果在近光灯打开的情况下，上拉灯光组合开光，此时大灯闪光器应工作（远近光切换），仪表板上指示灯也应点亮。

功用：在夜间行车提高能见度。远近光切换可起到提示或警示的作用。对于大灯的使用，有严格的要求，驾驶员应按照交通法规规范操作，以避免事故，如夜间会车时，应切换成近光灯等。

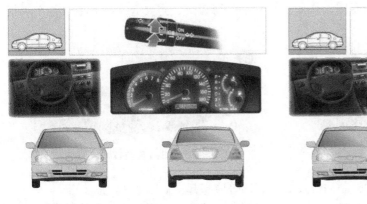 

图3-6　近光灯　　　　　　　　　图3-7　远光灯

3. 前后雾灯　在小灯打开的情况下，将灯光组合开关内侧的雾灯旋钮向前旋一挡，则前雾灯及仪表板上前雾灯指示灯亮起，如图3-8所示；在前雾灯亮起的前提下，按下仪表板左侧的后雾灯开关，则后雾灯及仪表板上后雾灯指示灯亮起，如图3-9所示。

功用：在雨雾天气，打开此灯光，起到提高能见度和警示的作用。

图3-8　前雾灯

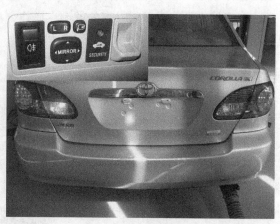

图3-9　后雾灯

4. 倒车灯　将手动变速器置于倒挡或自动变速器置于"R"挡，倒车灯应亮起，如图3-10所示。

功用：在倒车时，提高车后的能见度。

5. 左右转向灯、危险警告灯　将灯光组合开关如图3-11所示下拉，则左转向灯及仪表板上左转向灯指示灯亮起；将灯光组合开关如图3-12所示上推，则右转向灯及仪表板上右转向灯亮起；如图3-13所示将仪表板中央的危险警告灯按钮（红色三角形）按下，则危险警告灯亮起（所有转向灯亮起），仪表板指示灯也应点亮。

图3-10　倒车灯

功用：在转向前打开转向灯，主要起向行人或过往车辆提示驾驶员转向意图的作用；打开危险警告灯，主要起向行人或过往车辆提示有危险或紧急情况的作用。

图3-11　左转向

图3-12　右转向

6. 制动灯　踩踏制动踏板时，制动灯及高位制动灯应亮起，如图3-14所示。

功用：在刹车时，该灯亮起，将对后方车辆起到警示的作用，避免追尾事故的发生。

图 3-13 危险警告灯开关

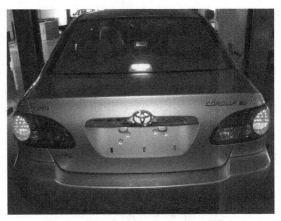
图 3-14 制动灯及高位制动灯

（二）检查与维护项目

1. 功能检查　将点火开关旋至"ON"，检查各种灯的工作情况及仪表板各指示灯是否正常，如异常，可对熔丝、插头、开关等进行检查。

2. 外观检查　检查前大灯总成和尾灯总成安装有无松动、壳体有无开裂、油污、内部起雾等现象，如图 3-15 所示。

图 3-15 尾灯总成外观检查

（三）操作步骤

1. 安装车轮挡块和排烟道。
2. 车内防护的安装：套座椅套、方向盘套、排挡杆套，铺地板垫。
3. 拉起驻车制动，降驾驶席车窗玻璃，拉发动机舱盖释放杆。
4. 打开发动机舱盖，安装车外防护，铺翼子板布和前格栅布。
5. 进行预检：检查机油液位、冷却液液位、制动液液位、喷洗液液位（各液位检查规范见后续单元）。
6. 收翼子板布和前格栅布，并关闭发动机舱盖。
7. 启动发动机（启动前应检查挡位，手动变速器应在空挡，自动变速器应在"P"或"N"挡）。
8. 检查小灯、仪表板灯、尾灯、牌照灯。
9. 检查大灯（远近光、变光）。

10. 检查前后雾灯。
11. 检查左右转向和危险警告灯。
12. 检查倒车灯，挂挡时对于手动变速器的汽车切记踩住离合器并踩到底；自动变速器的汽车切记踩住刹车（因涉及严重安全，建议学生在实操时不做）。
13. 检查制动灯（应在打开小灯的情况下检查）。
14. 熄火并使点火开关打到"ON"，升车窗玻璃。
15. 拆除车内防护、车轮挡块和烟道。
16. 对车内外做好 5S。

三、考核评价

1. 车轮挡块和烟道是否安装。
2. 车内外防护是否齐全和到位。
3. 驻车制动杆是否拉起。
4. 检查各液位的方法是否正确，结果是否准确。
5. 启动发动机前是否检查挡位。
6. 车外照明及信号灯的检查项目是否齐全，方法是否正确。
7. 操作步骤是否齐全、正确。

项目二　雨刮器和喷洗器的检查与维护

知识目标
· 了解雨刮器与喷洗器的功能。
· 掌握雨刮器与喷洗器的操作。

任务目标
· 能进行雨刮器与喷洗器的正确检查与维护。

任务一　雨刮器的检查与维护

一、学习目标

· 理解雨刮器的功能。
· 能正确检查雨刮器的工作情况。

二、学习内容

（一）功能

为了清除风挡玻璃上的细小污物或在下雨天保持良好的视野，在汽车上都配有雨刮器。为了防止划破风挡玻璃和损坏雨刮器胶条，在使用雨刮器前，要喷射玻璃水或确保风挡玻璃表面浸湿（如雨天），即风挡玻璃在干燥的状态下，不得使用雨刮器。

（二）操作

为了适用不同的天气状况，雨刮器有不同的挡位可供选用。具体操作如图 3-16 所示。

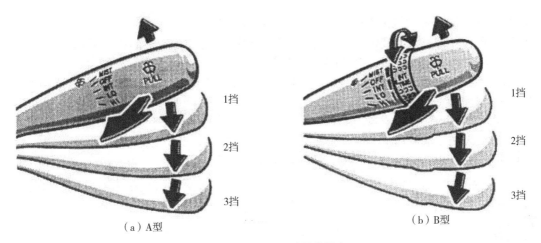

图 3-16 雨刮器的操作

钥匙应打到"ON"的状态。

1挡：INT 是间歇挡，雨刮器低速间歇式工作。对于一些型号的雨刮器其间歇时间可以调节，如图 3-16（b）所示的 B 型，当刮水器杆在间歇位置上时（1挡位置），"INTTIME"环可用来调节刮扫的时间间隔：将环向上转可增加刮扫时间间隔，向下转可减少时间间隔。

2挡：LO 是低速挡，雨刮器低速连续工作。

3挡：HI 是高速挡，雨刮器高速连续工作。

把控制杆上推，则是 MIST 除雾挡，雨刮器点动工作一次。

（三）检查与维护项目

1. 功能检查　检查雨刮器在各挡位下工作是否正常。
2. 刮水状况　检查雨刮器在各挡位下的刮水效果，不得有条纹式水痕或刮拭不彻底现象。
3. 停止位置　检查当雨刮器开关关闭时，雨刮器是否停止在其停止位置，如图 3-17 所示。

图 3-17 雨刮器的停止位置

（四）操作步骤

1. 安装车轮挡块和排烟道。
2. 车内防护的安装：套座椅套、方向盘套、排挡杆套，铺地板垫。
3. 拉起驻车制动，降驾驶席车窗玻璃，拉发动机舱盖释放杆。

4. 打开发动机舱盖，安装车外防护，铺翼子板布和前格栅布。
5. 进行预检：检查机油液位、冷却液液位、制动液液位、喷洗液液位。
6. 收翼子板布和前格栅布，并关闭发动机舱盖。
7. 启动发动机（启动前应检查挡位，手动变速器应在空挡，自动变速器应在"P"或"N"挡）。
8. 操作控制杆，使喷洗液喷出。
9. 对雨刮器的功能、刮水状况和停止位置进行检查。
10. 熄火并使点火开关打到"ON"，升车窗玻璃。
11. 拆除车内防护、车轮挡块和烟道。
12. 对车内外做好 5S。

三、考核评价

1. 车轮挡块和烟道是否安装。
2. 车内外防护是否齐全和到位。
3. 驻车制动杆是否拉起。
4. 检查各液位的方法是否正确，结果是否准确。
5. 启动发动机前是否检查挡位。
6. 雨刮器检查项目是否齐全。
7. 操作步骤是否齐全正确。

任务二　喷洗器的检查与维护

一、学习目标

- 了解喷洗器的功能。
- 会正确检查喷洗器。

二、学习内容

（一）功能

为了清除风挡玻璃上的灰尘，汽车上都会配有喷水装置，该装置称为喷洗器。

（二）操作

如图 3-18 所示，上拉方向盘右侧的操纵杆，喷洗器应喷玻璃水。

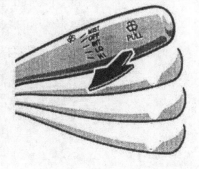

图 3-18　喷洗器的操作

（三）检查与维护项目

1. 洗器液位检查　检查喷洗器储液罐里的玻璃水液位是否正常，如图 3-19 所示。
2. 功能检查　检查喷洗器喷射功能是否正常，喷射压力是否正常；如果车辆配有风挡玻璃喷洗联动刮水器功能，还需检查刮水器是否协同工作。注意：蓄电池的电量难以保持足够的喷射力，因此，在检查喷洗器时，需要启动发动机。

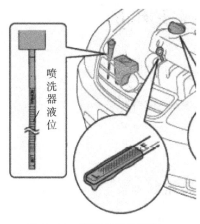
图 3-19 喷洗器液位检查

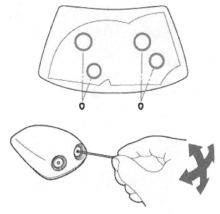
图 3-20 喷射位置及调整

3. 喷射位置检查　检查玻璃水的喷射位置是否在刮水器的工作区域内，大致在刮水器的刮水范围中间，必要时需要进行调整。调整方法：在喷嘴内插入一根与喷洗器喷孔相匹配的钢丝，以便调整喷洒方向，如图 3-20 所示。

（四）操作步骤

1. 安装车轮挡块和排烟道。
2. 车内防护的安装：套座椅套、方向盘套、排挡杆套，铺地板垫。
3. 拉起驻车制动，降驾驶席车窗玻璃，拉发动机舱盖释放杆。
4. 打开发动机舱盖，安装车外防护，铺翼子板布和前格栅布。
5. 进行预检：检查机油液位、冷却液液位、制动液液位、喷洗液液位。
6. 收翼子板布和前格栅布，并关闭发动机舱盖。
7. 启动发动机（启动前应检查挡位，手动变速器应在空挡，自动变速器应在"P"或"N"挡）。
8. 操作控制杆，使喷洗液喷出。
9. 对喷洗器的喷射功能、喷射压力、喷射位置进行检查。
10. 熄火并使点火开关打到"ON"，升车窗玻璃。
11. 拆除车内防护、车轮挡块和烟道。
12. 对车内外做好 5S。

三、考核评价

1. 车轮挡块和烟道是否安装。
2. 车内外防护是否齐全和到位。
3. 驻车制动杆是否拉起。
4. 检查各液位的方法是否正确，结果是否准确。
5. 启动发动机前是否检查挡位。
6. 喷洗器检查项目是否齐全。
7. 操作步骤是否齐全正确。

项目三　制冷系统检查与维护

知识目标
· 了解空调装置的功能。
· 掌握空调装置的操作。

任务目标
· 能正确检查制冷系统。

任务　制冷系统的检查与维护操作

一、学习目标

· 了解制冷系统的功能。
· 能正确检查制冷系统。

二、学习内容

（一）功能

汽车的空气调节装置主要用来实现对车内空气的换气、加热、冷却和除湿。同时，空调装置还起到净化空气的作用。汽车安装了空调装置，可以给驾驶员创造良好的工作环境。冬季使用暖风装置，可使车室内空气温度适中，驾驶员不必穿着笨重的衣物，也不会因手脚过冷而影响驾驶。同时还可有效去除汽车门窗玻璃上的霜、雾，使驾驶员具有良好的视野，有利于行车安全。夏季气温较高，驾驶员长时间行车容易疲劳、困倦，使用冷风装置可使车内温度、湿度适宜，改善驾驶员的工作条件，检查间隔为每20000km或1年。

（二）操作（图3-21）

1. 进气选择器　通过移动杆选择气流源，如图3-22所示。

（1）内循环——使车内的空气进行再循环。
（2）外循环——把外界空气引入系统。

2. "A/C"钮（某些车型）　要打开空调系统时，按"A/C"钮指示器发亮；要关闭空调系统时，将钮再按一次，如图3-22所示。

3. 温度选择器　转动该钮调节温度。向右升温，向左降温。将钮转至"OFF"位置可关闭冷气。

4. 风扇转速选择器　转动该钮调节风扇速度。向右增强风速，向左减慢风速。

5. 气流选择器　转动该钮选择气流通风口，如图3-23所示。

（1）仪表板——气流主要来自仪表安装板通风口。

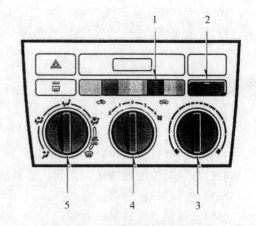

图3-21　手动空调的控制面板
1—进气选择器；2—"A/C"钮（某些车型）；
3—温度选择器；4—风扇转速选择器；5—气流选择器

图 3-22 进气选择器

（2）双层面——气流来自地板通风口和仪表安装板通风口。

（3）地板——气流主要来自地板通风口。

（4）地板/风挡玻璃——气流主要来自地板通风口和风挡玻璃通风口。和进气选择器在新鲜位置时一起使用。

（5）风挡玻璃——气流主要来自风挡玻璃通风口。和进气选择器在新鲜位置时一起使用。有关气流选择器的设定，可参看图 3-24 所示的"气流选择器的设定"。

图 3-23 气流选择器

（三）检查与维护项目

1. 控制旋钮功能检查　在启动发动机的情况下，检查各控制旋钮的功能是否正常。打开 A/C 开关前，应先打开风扇转速选择器。

2. 制冷剂量的检查　在启动发动机的前提下，打开所有车门，并打到最大开度，将温度选择器旋到最冷、风扇转速选择器旋到"4"位［图 3-25（a）］，转速最高，再打开 A/C 开关，再加速至 1500r/min，观察制冷剂观察窗，如图 3-25（b）所示。在检查时也应感觉出风口是否有冷风吹出，如观察窗为正常，且出风口无冷风吹出，则可能是无制冷剂。

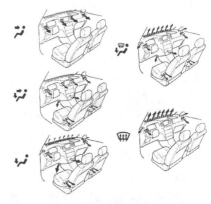

图 3-24 气流选择器通风口

（a）外观

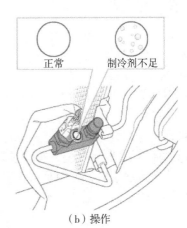

（b）操作

图 3-25 制冷剂量检查

3. 检查空调滤芯　空调滤芯位于副驾驶席前手套箱内侧，如图 3-26 所示，检查滤芯是否脏污，如脏污可用压缩空气清洁，不过要注意吹的方向，如图 3-27 所示，脏污严重的可更换空调滤芯。

图 3-26　空调滤芯的位置

图 3-27　清洁空调滤芯

（四）操作步骤

1. 安装车轮挡块和烟道。
2. 车内防护的安装：套座椅套、方向盘套、排挡杆套，铺地板垫。
3. 拉起驻车制动，降驾驶席车窗玻璃，拉发动机舱盖释放杆。
4. 打开发动机舱盖，安装车外防护，铺翼子板布和前格栅布。
5. 进行预检：检查机油液位、冷却液液位、制动液液位、喷洗液液位。
6. 启动发动机（启动前应检查挡位，手动变速器应在空挡，自动变速器应在"P"或"N"挡）。
7. 对控制旋钮的功能和制冷剂量进行检查（制冷剂量的检查需要两人配合完成）。
8. 熄火并使点火开关打到"ON"。
9. 对空调滤芯进行检查和维护。
10. 升车窗玻璃，拆除车内防护、车外防护、车轮挡块和烟道。
11. 对车内外做好 5S。

三、考核评价

1. 车轮挡块和烟道是否安装。
2. 车内外防护是否齐全和到位。
3. 驻车制动杆是否拉起。
4. 检查各液位的方法是否正确，结果是否准确。
5. 启动发动机前是否检查挡位。
6. 检查制冷剂量时，是否打开所有车门，并打到最大开度；是否将温度选择器旋到最冷、风扇转速选择器旋到"4"位，转速最高，再打开 A/C 开关；是否加速至 1500r/min。
7. 清洁空调滤芯时，方向是否正确。
8. 操作步骤是否齐全、正确。

单元四 发动机部分

项目一 进气系统检查与维护

 知识目标
· 了解进气系统的结构。
· 会描述进气系统各部件的作用。

 任务目标
· 能正确更换空气滤清器。
· 能正确清洁节气门体。

任务一 空气滤清器检查与更换

一、学习目标

· 了解空气滤清器的作用。
· 会正确清洗和更换滤芯。

二、学习内容

（一）空气滤清器的结构

空气滤清器的结构及类型如图 4-1 所示。

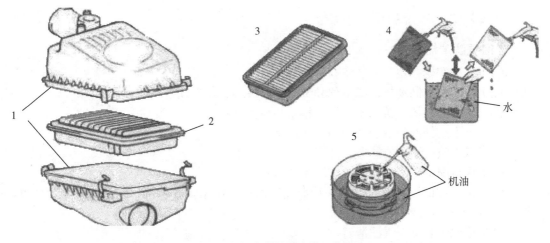

图 4-1 空气滤清器的结构和类型

1—空气滤清器壳体；2—空气滤清器滤芯；3—纸质滤芯型；4—织物滤芯型；5—油浴型

1. 纸质滤芯型空气滤清器　滤芯由滤纸制成，制造方便，成本较低，不能水洗，是汽车上使用最广泛的类型。

2. 织物滤芯型空气滤清器　滤芯由织物制成，可以用水清洗，能重复使用。

3. 油浴型空气滤清器　滤芯由海绵制成,浸有适量的机油,是一种湿型空气滤清器,一般用在柴油发动机上。

(二)空气滤清器的功用

空气滤清器是发动机进气系统的守护者,它能防止泥沙灰尘等杂质进入发动机,避免发动机的异常磨损。

(三)空气滤清器的重要性

空气滤清器一般位于发动机舱内,装在进气软管前端的塑料盒内。

如果空气滤清器滤芯被堵塞,则发动机的进气量将减少,发动机的输出功率就降低,燃油经济性变差,所以必须定期检查和清洁空气滤清器滤芯,脏污的滤芯必须及时更换。如图4-2所示。

检查间隔:每3000km或3个月。

更换间隔:10000~20000km或1~2年。

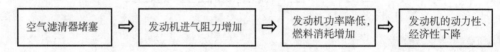

图4-2　空气滤清器的重要性

(四)空气滤清器的维护项目

1. 空气滤清器清洁　根据不同类型的滤芯来选择不同的方法,纸质滤芯用软毛刷或压缩空气清洁,注意气枪的方向,从滤芯的发动机侧吹入压缩空气;织物和油浴型滤芯用水清洁后,必须用压缩空气吹干;油浴型滤芯安装时需加入适量的新机油。

2. 空气滤清器更换　更换时需采用同型号的滤芯,注意滤芯安装方向,避免空气滤清器盖安装不到位。

(五)空气滤清的维护步骤

1. 空气滤清器清洁

(1)安装车轮挡块,安装车内三件套。

(2)拉起驻车制动杆,降下驾驶员侧车窗玻璃,拉发动机舱盖释放杆。

(3)打开发动机舱盖,安装翼子板布和前格栅布。

(4)拆下空气滤清器盖,如图4-3所示。

(5)取出空气滤清器滤芯,如图4-4所示。

(6)用压缩空气清洁滤芯,如图4-5所示。

(7)用干净的抹布擦拭空气滤清器壳体内部,如图4-6所示。不能用压缩空气直接吹洗,以免灰尘被直接吹入进气管。

(8)按原位装复空气滤清器。

(9)收翼子板布和前格栅布,关闭发动机舱盖。

(10)拆除车内三件套和车轮挡块,对车内外做好5S工作。

2. 空气滤清器更换

(1)安装车轮挡块,安装车内三件套。

(2)拉起驻车制动杆,降下驾驶员侧车窗玻璃,拉发动机舱盖释放杆。

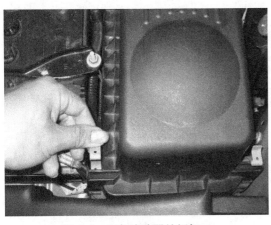

图 4-3 空气滤清器的拆卸

图 4-4 取出滤芯

图 4-5 清洁滤芯

图 4-6 清洁空气滤清器壳体

（3）打开发动机舱盖，安装翼子板布和前格栅布。
（4）拆下空气滤清器盖，如图 4-3 所示。
（5）取出空气滤清器滤芯，如图 4-4 所示。
（6）用干净的抹布擦拭空气滤清器壳体内部，如图 4-5 所示。
（7）更换新的同型号的滤芯，如图 4-7 和图 4-8 所示。

（a）新的滤芯　　（b）旧的滤芯

图 4-7 新旧滤芯对比

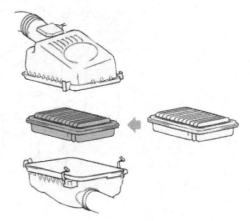

图 4-8 更换滤芯

（8）按原位装复空气滤清器。
（9）收翼子板布和前格栅布，关闭发动机舱盖。
（10）拆除车内三件套和车轮挡块，对车内外做好5S工作。

三、考核评价

1. 滤芯清洁方法是否正确。
2. 空气滤清器安装是否到位。
3. 操作项目是否齐全。
4. 工具选择是否正确，操作是否规范。
5. 车内外防护是否齐全和到位。
6. 工作安全是否注意。
7. 作业过程中5S是否注意。

任务二　节气门体检查与维护

一、学习目标

- 了解节气门体的作用。
- 能正确清洁节气门体。

二、学习内容

（一）节气门体的结构

节气门体主要由节气门和怠速控制装置组成，如图4-9所示。怠速控制装置主要由怠速电机、应急弹簧、节气门电位计、怠速节气门电位计和怠速开关等构成。

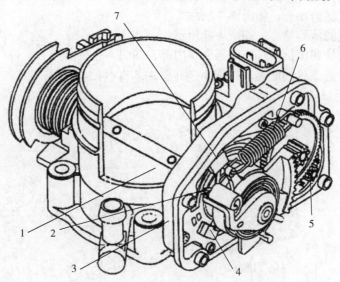

图4-9　节气门体构造

1—节气门；2—怠速开关；3—怠速控制装置；4—节气门电位计；5—怠速电机；6—应急弹簧；7—怠速节气门电位计

(二）节气门体的功用

节气门体主要控制发动机的进气量，检测节气门的位置，并将信号输给发动机控制单元，为实现怠速控制、喷油控制和点火控制提供基本参数。

(三）节气门体的重要性

发动机工作时间较长后，会在节气门附近形成油垢，会使节气门卡死或怠速不稳，所以节气门体有必要检查，并进行相应的清洁维护工作。

（四）节气门体的维护项目（节气门体清洁）

将节气门体从发动机上拆下，放在工作台上，准备好化油器清洗剂，如图 4-10 所示。将节气门全开，从节气门体的后面喷入，清洁节气门，如图 4-11 所示。将其内部的油垢清洗，擦拭干净；同时清洁节气门体各管道，如图 4-12 所示。清洁节气门体接合面，如图 4-13 所示，最后用压缩空气吹干。

图 4-10　化油器清洗剂

图 4-11　清洁节气门

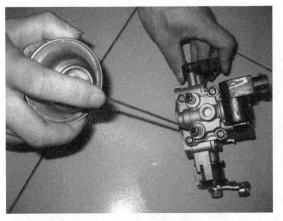

图 4-12　清洁各管道

图 4-13　清洁接合面

注意避免在发动机上直接清洁节气门体；装复节气门体需与发动机电控单元进行匹配，有些车辆必须使用电脑诊断仪进行匹配，并将发动机运行一段时间，进行节气门体的自我学习。

（五）节气门体的清洁步骤

1. 安装车轮挡块，安装车内三件套。
2. 拉起驻车制动杆，降下驾驶员侧车窗玻璃，拉发动机舱盖释放杆。
3. 打开发动机舱盖，安装翼子板布和前格栅布。
4. 关闭车辆点火开关，拆下电瓶负极柱。
5. 拆下与节气门体连接的进气总管。
6. 拔下节气门体的接线插头，拆下与节气门体，连接的外部管路。
7. 拆下节气门体固定螺栓，取下节气门体，放在工作台上。
8. 用干净的布遮住发动机进气口。
9. 用化油器清洁剂清洁节气门体。
10. 用压缩空气吹干节气门体。
11. 装复节气门体和进气总管。
12. 装复接线插头和外部管路。
13. 装复电瓶负极柱，打开车辆的点火开关。
14. 启动发动机，与发动机电控单元进行匹配。
15. 收翼子板布和前格栅布，关闭发动机舱盖。
16. 拆除车内三件套和车轮挡块，对车内外做好5S工作。

三、考核评价

1. 节气门体的拆装步骤是否正确。
2. 节气门体的清洁方法是否正确。
3. 零件的拧紧是否齐全规范。
4. 操作项目是否齐全。
5. 工具选择是否正确，操作是否规范。
6. 车内外防护是否齐全和到位。
7. 工作安全是否注意。
8. 作业过程中5S是否注意。

任务三　进气管检查与维护

一、学习目标

- 了解进气管的作用。
- 能正确检查和维护进气管。

二、学习内容

（一）进气管的结构

进气管分为进气总管和进气歧管。进气总管一般是塑料软管，管道直径较大；进气歧管一般为铝合金直接浇注成型，数量与发动机缸数相同。如图4-14所示。

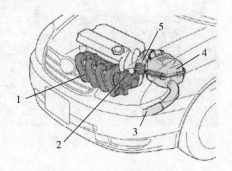

图4-14　进气结构简图

1—进气歧管；2—节气门体；3—进气口；
4—空气滤清器；5—进气总管

（二）进气管的功用

进气管主要为发动机吸入的空气或可燃混合气提供相对密封的通道。一般在进气总管上装有测量发动机进气量的传感器。

（三）进气管的重要性

进气总管工作时间较长后，塑料管会有老化、开裂等现象，会使发动机的进气量测量失真，怠速不稳或加速性能变差；进气管如有异物堵塞，将使发动机的进气量减少，发动机输出功率减小。所以进气管有必要检查，并进行相应的维护工作。

（四）进气管的维护项目

1. 进气管外观检查　检查进气管有无破损及脱落。进气总管一般是塑料管，在使用中会老化，并且发动机舱内温度较高，将加剧塑料管的老化。另外进气塑料管可能在车辆行驶过程中脱落。

2. 进气管工作情况检查　检查进气管有无堵塞或漏气。进气总管上装有空气质量传感器或进气压力传感器，如有异物堵塞或进气管漏气，将使发动机的进气量测量失真，影响发动机的正常工作。

（五）进气管的维护步骤

1. 安装车轮挡块，安装车内三件套。
2. 拉起驻车制动杆，降下驾驶员侧车窗玻璃，拉发动机舱盖释放杆。
3. 打开发动机舱盖，安装翼子板布和前格栅布。
4. 检查进气管有无破损，如有需更换进气管。
5. 检查与进气管连接的真空管、曲轴箱通风管等管路有无破损，如有需更换相关管路。
6. 检查进气管有无脱落，如图4-15所示，如有需重新安装。
7. 检查与进气管连接的真空管、曲轴箱通风管等管路有无脱落，如有需重新安装相关管路。
8. 检查进气口有无堵塞，如有需及时清除杂物。
9. 检查进气管内有无堵塞，重点检查空气滤清器内部，如有需及时清除杂物。
10. 收翼子板布和前格栅布，关闭发动机舱盖。
11. 拆除车内三件套和车轮挡块，对车内外做好5S工作。

图4-15　进气管脱落（威驰）

三、考核评价

1. 进气管外观的检查是否到位。
2. 进气管工作情况的检查方法是否正确。
3. 车内外防护是否齐全和到位。
4. 工作安全是否注意。
5. 作业过程中5S是否注意。

汽车定期维护

项目二 燃料系统检查与维护

知识目标
- 了解燃油供给系统的结构。
- 会描述燃油供给系统各部件的作用。

任务目标
- 能正确更换燃油滤清器。
- 能正确检查燃油管路。

任务一 燃油滤清器检查与更换

一、学习目标
- 了解燃油滤清器的作用。
- 能正确检查和更换燃油滤清器。

二、学习内容

（一）燃油滤清器的结构

燃油滤清器按其安装位置的不同分为内装式燃油滤清器（图4-16）和外装式燃油滤清器（图4-17）。

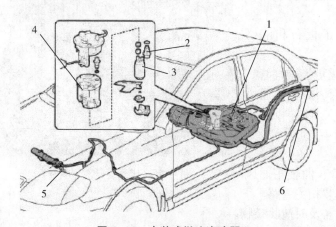

图4-16 内装式燃油滤清器　　　　　　　　图4-17 外装式燃油滤清器

1—燃油箱；2—燃油泵；3—压力调节器；4—燃油滤清器；
5—喷油器；6—燃油箱盖

内装式燃油滤清器和燃料泵为一整体，直接装在燃油箱内；外装式燃油滤清器一般装在车辆底部的燃油管上。

（二）燃油滤清器的作用

燃油滤清器主要用来过滤燃油中的杂质，并能使油水分离。

（三）燃油滤清器的重要性

燃油滤清器使用一段时间后，滤芯内部的污垢和水分越积越多，使其过滤能力下降，甚至堵塞，使燃油供应不畅，所以燃油滤清器需定期检查、清洁或更换。

（四）燃油滤清器的维护项目

不管内装式还是外装式燃油滤清器在更换前应对燃油系统进行泄压。

1. 外装式燃油滤清器更换　外装式燃油滤清器一般装在车身下面或发动机舱内的燃油管上，更换相对比较方便。更换燃油滤清器时，所用到的一次性零件，如卡箍、密封垫圈等应同时更换；安装燃油滤清器时，方向一定要安装正确；对于可拆解的燃油滤清器，如滤芯不是纸质的，可以将滤芯清洁后重复使用；柴油发动机在检查燃油滤清器时，需对水沉淀器进行排水。

2. 内装式燃油滤清器更换　内装式燃油滤清器在燃油箱内，更换时需拆卸燃油泵总成，作业比较麻烦。

（五）燃油滤清器的维护步骤

1. 外装式燃油滤清器的更换

（1）安装车轮挡块，安装车内三件套。
（2）拉起驻车制动杆，降下驾驶员侧车窗玻璃，拉发动机舱盖释放杆。
（3）打开发动机舱盖，安装车外防护，铺翼子板布和前格栅布。
（4）进行预检：检查机油液位、冷却液液位、制动液液位、喷洗液液位。
（5）断开燃油泵的电路，运行发动机，放空燃油管路中的燃油。
（6）将车辆举升至最高位，在车辆底部找到燃油滤清器的位置。
（7）拆下固定螺栓或卡箍，取下旧的燃油滤清器。
（8）按正确方向装上同型号的燃油滤清器。
（9）下降车辆至适当位置，装复燃料泵的电路，运行发动机并加速。
（10）举升车辆至适当位置，确认燃油滤清器没有渗漏。
（11）收翼子板布和前格栅布，关闭发动机舱盖。
（12）拆除车内三件套和车轮挡块，对车内外做好 5S 工作。

2. 内装式燃油滤清器的更换

（1）安装车轮挡块，安装车内三件套。
（2）拉起驻车制动杆，降下驾驶员侧车窗玻璃，拉发动机舱盖释放杆。
（3）打开发动机舱盖，安装车外防护，铺翼子板布和前格栅布。
（4）进行预检：检查机油液位、冷却液液位、制动液液位、喷洗液液位。
（5）断开燃油泵的电路，运行发动机，放空燃油管路中的燃油。
（6）关闭点火开关，拆下蓄电池负极柱。
（7）拆除后排座位，断开燃油泵的电线接插件，从燃油箱上拆下燃油泵总成。
（8）将燃油滤清器拆下，装上同型号的燃油滤清器。
（9）装复燃油泵总成，接上燃油泵的电线接插件。
（10）启动发动机并加速，确认能正常工作。
（11）装复后排座位。
（12）收翼子板布和前格栅布，关闭发动机舱盖。
（13）拆除车内三件套和车轮挡块，对车内外做好 5S 工作。

单元四　发动机部分

三、考核评价

1. 举升车辆是否规范，高度是否适当。
2. 更换燃料滤清器是否规范。
3. 一次性使用零件是否更换。
4. 是否复检更换后的燃油滤清器的安装情况。
5. 工具选择是否正确，操作是否规范。
6. 车内外防护是否齐全和到位。
7. 检查各液位的方法是否正确，结果是否准确。
8. 工作安全是否注意。
9. 作业过程中 5S 是否注意。

任务二　燃油管路检查与维护

一、学习目标

- 了解燃油管路的作用。
- 能正确检查和维护燃油管。

二、学习内容

（一）燃油管路的结构

燃油管路的结构，如图 4-18、图 4-19 所示。

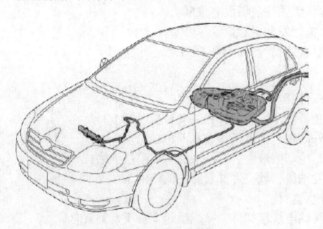

图 4-18　燃油供给系统　　　　　图 4-19　车辆底部燃油管

（二）燃油管路的作用

燃油管路主要用来输送燃料，并承受一定的压力。

（三）燃油管路的重要性

燃油管路在车身底部，容易受异物撞击而变形，甚至渗漏，使燃油供应不畅，所以燃油管路需定期检查。

（四）燃油管路的检查项目

1. 检查燃油管路是否凹陷、变形，检查燃油管接头是否脱落、渗漏，如有需更换相应燃油管路。
2. 检查燃油管路的安装状况。

（五）燃油管路的检查步骤

1. 安装车轮挡块，安装车内三件套。
2. 拉起驻车制动杆，降下驾驶员侧车窗玻璃，拉发动机舱盖释放杆。
3. 打开发动机舱盖，安装翼子板布和前格栅布。
4. 检查发动机舱内的燃油管路连接是否可靠。
5. 将车辆举升至最高位，检查车辆底部的燃油管路是否凹陷、变形或渗漏及安装状况。
6. 收翼子板布和前格栅布，关闭发动机舱盖。
7. 拆除车内三件套和车轮挡块，对车内外做好 5S 工作。

三、考核评价

1. 举升机操作是否规范，高度是否适当。
2. 燃油管路检查项目是否齐全。
3. 燃油管路检查是否到位。
4. 车内外防护是否齐全和到位。
5. 工作安全是否注意。
6. 作业过程中 5S 是否注意。

项目三　润滑系统检查与维护

知识目标
- 了解润滑系统的结构。
- 会描述润滑系统各部件的作用。

任务目标
- 能正确更换机油及机油滤清器。
- 能正确检查更换油底壳。

任务一　油底壳检查与维护

一、学习目标
- 了解油底壳的作用。
- 能正确检查和维护油底壳。

二、学习内容

（一）油底壳的结构

油底壳一般用钢板冲压成型，如图 4-20 所示；也有直接用铝合金浇铸成型的，如图 4-21

所示。

图 4-20 钢板油底壳

图 4-21 铝合金油底壳（威驰）

油底壳的内部结构有所不同，可分为无隔断型和有隔断型，如图 4-22 所示。

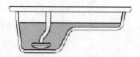 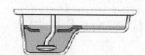

（a）无隔断型　　　　（b）有隔断型

图 4-22 油底壳类型

（二）油底壳的作用

油底壳用来储存发动机润滑油，并封闭曲轴箱。发动机润滑系统的结构如图 4-23 所示。

（三）油底壳的重要性

油底壳损坏后，发动机润滑油将泄漏，污染环境，发动机无法正常润滑，使零件磨损加剧，甚至造成活塞拉缸。

（四）油底壳的维护项目（油底壳外观状况）

检查油底壳是否有明显变形和裂纹，有无渗漏；检查油底壳与气缸体结合处有无渗漏；检查机油排放塞有无渗漏；检查机油滤清器有无渗漏；检查曲轴箱前后油封是否渗漏。

作业时，应避免皮肤外露，戴好手套，注意安全，防止烫伤。

（五）油底壳的维护步骤

1. 安装车轮挡块，安装车内三件套。
2. 拉起驻车制动杆，降下驾驶员侧车窗玻璃，拉发动机舱盖释放杆。
3. 打开发动机舱盖，安装翼子板布和前格栅布。
4. 将车辆举升至适当高度。
5. 戴上手套，拿着手电筒或工作灯。
6. 检查油底壳是否有明显变形和裂纹，有无渗漏。
7. 检查油底壳与气缸体结合处、曲轴箱前后油封有无渗漏。
8. 检查机油排放塞有无渗漏。
9. 检查机油滤清器有无渗漏。
10. 降下车辆，收翼子板布和前格栅布，关闭发动机舱盖。
11. 拆除车内三件套和车轮挡块，对车内外做好5S工作。

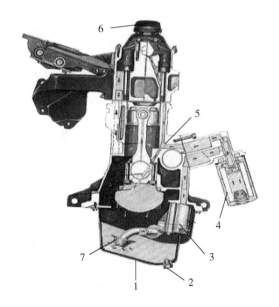

图4-23　发动机润滑系统结构简图

1—油底壳；2—机油排放塞；3—机油泵；4—机油滤清器；
5—主油道；6—机油加注口盖；7—集滤器

三、考核评价

1. 举升车辆是否规范，高度是否适当。
2. 举升后是否清洁地面。
3. 作业项目是否齐全规范。
4. 操作时是否戴上手套。
5. 车内外防护是否齐全和到位。
6. 操作步骤是否齐全。

任务二　机油检查与更换

一、学习目标

- 了解机油的作用。
- 能正确检查和更换机油。

二、学习内容

（一）机油的类型

1. 国外机油的分类　如图 4-24 所示。

- 国外机油的分类
  - API质量分类法
    - 汽油机机油为S系列：SA、SB 、SC 、SD 、SE 、SF 、SG 、SH 、SJ 、SL
    - 柴油机机油为C系列：CA、CB、CC、CD、CE、CF、CF-4、CG-4、CH-4
  - SAE黏度分类法
    - 单级机油
      - 冬用机油：0W、5W 、10W 、15W 、20W 、25W
      - 非冬用机油：20 、30 、40 、50
    - 多级机油：例如10W-30 、15W-40 、20W-50等

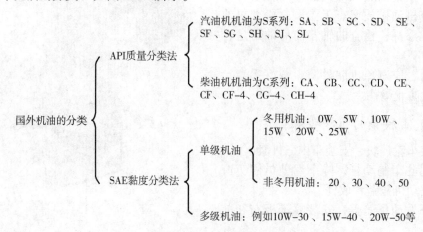

图 4-24　国外机油的分类

2. 国内机油的分类　黏度分类与国外分类一致，但质量分类有所不同，如图 4-25 所示。

- 国内质量分类法
  - 汽油机机油为Q系列：QA、QB、QC、 QD、QE、QF
  - 柴油机机油为C系列：CA、CB、CC、CD

图 4-25　国内质量分类法

国产润滑油的质量等级与 API 对照，如图 4-26 所示。

分类	国产润滑油质量等级代号	API质量等级代号
汽油机润滑油	QB	≈SB
	QC	≈SC
	QD	≈SD
	QE	≈SE
	QF	≈SF
柴油机润滑油	CA	≈CA
	CB	≈CB
	CC	≈CC
	CD	≈CD

图 4-26　国产润滑油的质量等级与 API 对照

选择机油的牌号时，必须按车辆发动机的工作条件来选择相应质量等级的机油，如图 4-27

所示；必须按车辆使用环境温度来选择相应黏度等级的机油，如图4-28所示。

API	维修及机油说明	质量	API	维修及机油说明	质量
SL SJ SH SG	适用于在各种条件下工作的发动机	高 ↑ ↓ 低	CF-4	提供比CF分类更好的特性和质量	高 ↑ ↓ 低
SF	适用于在连续高速、高温并且反复停机-开机条件下工作的发动机		CF	提供比CE分类更好的洗洁剂弥散和抗热性能	
			CE	适用于在低速、高负载条件和高速高负载条件下工作的发动机	
SE	适用于在比SD分类更严酷的条件下工作的发动机		CD	适用于在高速、高功率输出条件下工作的发动机	
SD SC SB SA			CC	适用于在比CB分类更严酷的条件下工作的发动机	
			CB CA		

(a) 汽油机　　　　　　　　　　(b) 柴油机

图4-27　机油质量等级与发动机性能关系

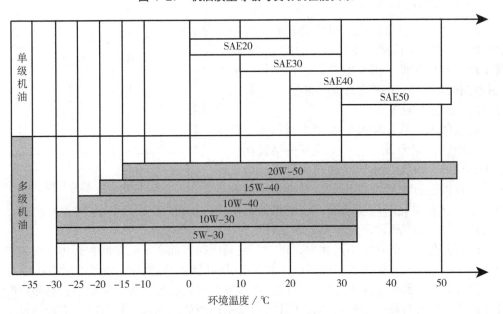

图4-28　机油黏度等级与环境温度关系

（二）机油的作用

发动机润滑油俗称机油，能起到如下作用。
(1) 润滑作用　在摩擦副表面形成油膜，减少机件间的磨损。
(2) 清洁作用　润滑油在循环工作时带走金属磨粒、杂质等。
(3) 密封作用　利用油膜可以增强活塞环与气缸壁之间的密封性。
(4) 防锈作用　在金属表面形成油膜可以防止零件生锈。
(5) 冷却作用　润滑油在循环工作时可以吸收并带走零件的热量。

（6）液压作用　发动机润滑油能兼做液压油，起传力作用。

（三）机油的重要性

发动机机油使用后会变脏、变黑，逐渐变质，如图4-29所示，机油的作用降低，必须定期更换。如图4-30所示。

检查间隔：每2000km或3个月。

更换间隔：随着车辆型号、使用情况而有所不同，一般为7500km或6个月。

（a）新的机油　（b）用过的机油

图4-29　新旧机油对比

发动机机油使用在正常情况下也会有轻微的损耗，而机油的液位必须在一个合理范围内，所以机油需定期检查、补给，如图4-31所示。

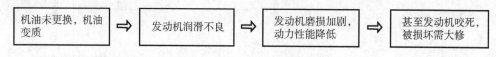

图4-30　机油的重要性

（四）机油的维护项目

1. 机油液位　为保证机油对发动机有良好的润滑效果，机油的液位必须在机油尺的规定刻度。如发现机油液位偏低，需及时补充机油至标准液位，并找出原因；如机油液位偏高，也是不正确的，需适当减少至标准液位。

2. 机油状态　从发动机中取出少量机油，观察机油的颜色，应无乳白色、无明显的沉淀物；用手指捏机油，应无细小颗粒物；用鼻子闻应无烧焦味。也可进行滤纸油迹试验，看机油扩散的痕迹大小，没有明显的固体杂质，说明机油的清洁度较高；反之，则机油已经变质，需及时更换。

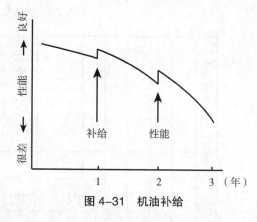

图4-31　机油补给

3. 机油更换　车辆在使用过程中，机油需定期更换；如车辆长时间在恶劣环境或较大负荷条件下工作，需缩短更换机油的周期；如发现机油已经明显变质，也需及时更换。

更换机油时，要注意保护环境，不能随意排放，将其收集并按规定处理；必须同时更换机油滤清器，安装时需应用新机油涂抹其密封垫圈；当放出的机油较脏时，应清洁发动机润滑油道。

（五）机油的维护步骤

1. 机油液位的检查

（1）将车辆停在平坦的地面上，关闭点火开关。

（2）安装车轮挡块，安装车内三件套。

（3）拉起驻车制动杆，降下驾驶员侧车窗玻璃，拉发动机舱盖释放杆。

（4）打开发动机舱盖，安装翼子板布和前格栅布。

(5)取出机油刻度尺,用抹布擦拭刻度尺上的油迹,如图 4-32 所示。
(6)再将其插入原位(注意,应插到底),然后拔出查看机油的液位,如图 4-33 所示。

图 4-32　擦拭机油刻度尺　　　　图 4-33　检查机油液位

(7)检查完机油液位后将机油刻度尺复位。
(8)收翼子板布和前格栅布,关闭发动机舱盖。
(9)拆除车内三件套和车轮挡块,对车内外做好 5S 工作。

2. 机油状态的检查

(1)将车辆停在平坦的地面上,关闭点火开关。
(2)安装车轮挡块,安装车内三件套。
(3)降下驾驶员侧车窗玻璃,拉发动机舱盖释放杆。
(4)打开发动机舱盖,安装翼子板布和前格栅布。
(5)拔出机油尺,取几滴机油,将机油尺复位。
(6)通过人工经验或滤纸油迹试验来分析机油是否变质。
(7)收翼子板布和前格栅布,关闭发动机舱盖。
(8)拆除车内三件套和车轮挡块,对车内外做好 5S 工作。

3. 机油更换

(1)安装车轮挡块,安装车内三件套。
(2)拉起驻车制动杆,降下驾驶员侧车窗玻璃,拉发动机舱盖释放杆。
(3)打开发动机舱盖,安装翼子板布和前格栅布。
(4)打开机油加注口盖,并用干净的布遮住,如图 4-34 所示。
(5)将车辆举升至适当位置,如图 4-35 所示,并准备机油回收罐。
(6)拆卸机油放油塞,如图 4-36 所示,排放机油,如图 4-37 所示。
(7)用专用工具拆卸机油滤清器,如图 4-38 所示。
(8)在新机油滤清器的密封圈上涂一层新机油,如图 4-39 所示,用手拧紧。
(9)用专用工具将机油滤清器按规定扭矩拧紧,或拧紧 3/4 圈。
(10)放尽旧机油后,更换放油螺塞垫片,如图 4-40 所示,将其按规定扭矩拧紧。
(11)降下车辆,加注适量的新机油,如图 4-41 所示。
(12)检查机油液位,加注至机油尺标准刻度范围内。
(13)拧紧机油加注口盖,如图 4-42 所示,启动发动机。

单元四　发动机部分

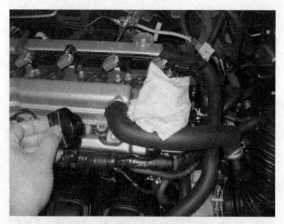

图 4-34 拆卸机油加注口盖

图 4-35 举升车辆

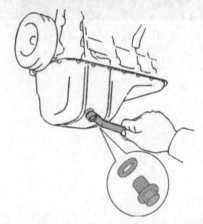

图 4-36 拆卸机油放油塞

图 4-37 排放机油

图 4-38 拆卸机油滤清器（威驰）

图 4-39 机油滤清器上涂抹机油

（14）暖机后熄火，复检机油液位，如图 4-43 所示。
（15）收翼子板布和前格栅布，关闭发动机舱盖。
（16）拆除车内三件套和车轮挡块，对车内外做好 5S 工作。

图 4-40 更换放油螺塞垫圈

图 4-41 加注机油

图 4-42 拧紧机油加注口盖

图 4-43 复检机油液位

三、考核评价

1. 车内外防护是否齐全和到位。
2. 机油加注口盖是否拧下，是否用布遮盖。
3. 举升车辆是否规范，高度是否适当。
4. 举升后是否清洁地面。
5. 排放机油和拆卸机油滤清器是否规范。
6. 安装机油滤清器时是否涂抹机油，机油排放塞垫圈是否更换。
7. 放油螺塞和机油滤清器的拧紧是否齐全规范。
8. 工具选择是否正确，操作是否规范。
9. 操作步骤是否齐全。

汽车定期维护

项目四　点火系统检查与维护

 知识目标
- 了解点火系统的结构。
- 会描述点火系统各部件的作用。

任务目标
- 能正确检查蓄电池。
- 能正确更换火花塞。

任务一　蓄电池检查与维护

一、学习目标
- 了解蓄电池的作用。
- 能正确检查和维护蓄电池。

二、学习内容

（一）蓄电池的结构

汽油发动机一般采用12V铅酸蓄电池，由6个单格蓄电池组成，每个单格蓄电池的额定电压为2V。

蓄电池主要由外壳、极板、极桩和加注口盖等组成，如图4-44所示。

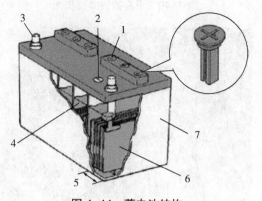

图4-44　蓄电池结构
1—加注口盖；2—指示器；3—极桩；4—电解液；
5—单格电池；6—极板；7—外壳

（二）蓄电池的作用

蓄电池能把电能转变成化学能储存起来，在使用时再把化学能转变成电能释放出来，为用电设备提供电能。

（三）蓄电池的重要性

蓄电池电量不足，车辆将无法正常启动；蓄电池失效后，将无法储存电能；蓄电池损坏后，电解液可能发生泄漏，将腐蚀车身及各部件。

（四）蓄电池的检查项目

1.电解液液位　蓄电池各单元格的电解液液位应高出极板10～15mm。通过蓄电池外壳上的液位刻度，检查电解液液位是否符合规定，如图4-45所示。

如液位偏低，应补充适量蒸馏水；如电解液液位超过了规定范围，需抽掉多余的电解液。作业时可以轻轻晃动车身来检查液位，或拆下一个加注口塞，直接从该孔开口来判定。

2.蓄电池外壳　外壳用来储存电解液和极板，必须具有绝缘性、耐腐蚀性，一般用塑料和硬橡胶材料制成。检查蓄电池外壳是否有裂纹，是否有渗漏，如有则需更换蓄电池。

3.蓄电池极桩　极桩用铅锑合金浇铸成上小下大的圆锥体，分为正极桩和负极桩，分别用"+"和"-"符号表示，如图4-46所示。

检查蓄电池极桩端子是否腐蚀，如有需清洁端子；检查导线接触是否松动，如有需加以紧固。

图 4-45　电解液液位刻度

图 4-46　蓄电池极桩

4. 加注口盖　加注口盖用来密封蓄电池加液孔，旋出盖子即可加注电解液，盖子有通气孔，如图 4-47 所示，随时排出蓄电池内的氢气和氧气，以免发生事故。

检查蓄电池加注口盖是否损坏，如有则更换加注口盖；检查蓄电池通风孔是否阻塞，如有则拆下，进行疏通。如图 4-48 所示。

图 4-47　加注口盖

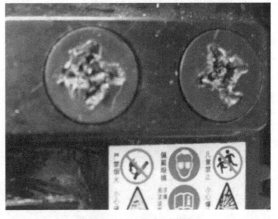

图 4-48　通气孔损坏

5. 电解液比重　电解液由纯硫酸和蒸馏水按一定比例配制而成，其相对密度为 1.25～1.28。

使用液体比重计（图 4-49）检查电解液比重，所有单元格的比重是否在规定范围，如偏低，需对蓄电池进行补充充电，或更换电解液；确保蓄电池各单元格的比重偏差低于 0.025，如超标，则对电解液比重重新调配。测量电解液比重时应在常温下进行；电解液具有较强的腐蚀性，应避免直接与皮肤、衣物接触。

有些类型蓄电池可以通过蓄电池指示器查看电解液液位和蓄电池状况：蓝色为正常，红色为电解液液位不足，白色为电量不足，如图 4-50 所示。

（五）蓄电池的检查操作步骤

1. 安装车轮挡块，安装车内三件套。
2. 拉起驻车制动杆，降下驾驶员侧车窗玻璃，拉发动机舱盖释放杆。
3. 打开发动机舱盖，安装翼子板布和前格栅布。

图 4-49 比重计　　　　　　　图 4-50 蓄电池指示器

4. 检查蓄电池外壳是否有裂纹、渗漏，如图 4-51 所示。
5. 检查蓄电池极桩端子是否污垢、腐蚀，如图 4-52 所示。
6. 检查蓄电池导线连接是否可靠，如图 4-53 所示。
7. 检查电解液液位是否符合规定。
8. 检查加注口盖是否有损坏，安装是否可靠，如图 4-54 所示。

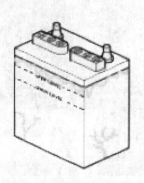 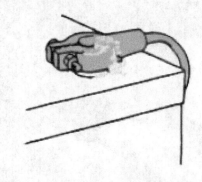

图 4-51 外壳破损　　　　　　图 4-52 极桩有污垢

图 4-53 连接导线无松动　　　图 4-54 加注口盖有松动

9. 拆卸加注口盖,检查通风孔是否阻塞。

10. 取出比重计,清洁,并用蒸馏水校零,如图 4-55 所示。

图 4-55 密度计清洁、校零

11. 用塑料吸管取出少量电解液,如图 4-56 所示。

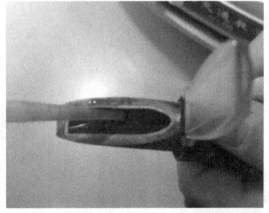

图 4-56 取少量电解液测量

12. 测量电解液比重,进行微调,读出数值并记录(注意刻度尺选择),如图 4-57 所示。

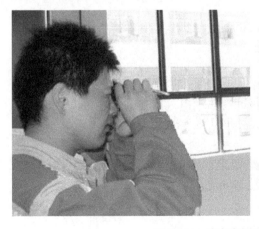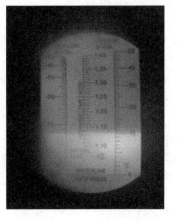

图 4-57 读出电解液比重

13. 清洗吸管和比重计，如图4-58所示。
14. 旋紧加注口盖。
15. 收翼子板布和前格栅布，关闭发动机舱盖。
16. 拆除车内三件套和车轮挡块，对车内外做好5S工作。

三、考核评价

1. 车内外防护是否齐全和到位。
2. 检查蓄电池项目是否齐全、规范。
3. 量具使用是否规范。
4. 零部件是否及时复位。
5. 操作步骤是否齐全。

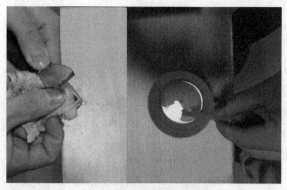

图4-58 清洁比重计

任务二 火花塞检查与维护

一、学习目标

- 了解火花塞的作用。
- 能正确检查和维护火花塞。

二、学习内容

（一）火花塞的结构

火花塞的结构如图4-59所示。弯曲的侧电极焊接在钢制壳体的底端，使其直接搭铁；绝缘体由高氧化铅陶瓷制成；中心电极装在绝缘体的中心孔内，通过接线端与高压导线连接。

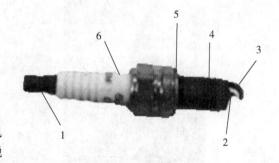

图4-59 火花塞结构
1—接线端；2—中心电极；3—侧电极
4—安装螺纹；5—密封垫圈；6—绝缘体

（二）火花塞的作用

将点火线圈或磁电机产生的脉冲高压电引入燃烧室，并在两个电极间产生电火花，来点燃气缸内的高压可燃混合气，使发动机正常工作。

（三）火花塞的重要性

如火花塞电极有积碳或被烧蚀，电极间的高压电火花变弱，发动机燃油经济性会变差，输出动力下降；甚至导致火花塞不能点火，发动机无法正常工作。

检查间隔：每10000km或6个月。

更换间隔：20000～40000km。对于铂电极和铱电极火花塞，更换间隔在100000～150000km，没有必要在使用过中调整火花塞间隙。

（四）火花塞的检查项目

1. 火花塞间隙　使用火花塞间隙规，检查中央电极和侧电极之间的间隙，如图4-60所示，一般在 0.8～1.0mm，如超出标准，应调整火花塞间隙，如图 4-61 所示。

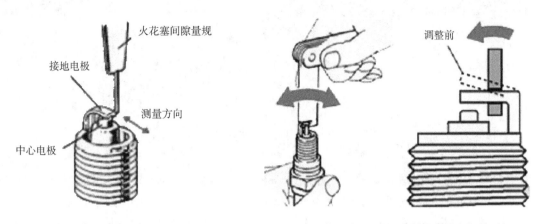

图 4-60　测量火花塞间隙　　　　　　　　图 4-61　调整火花塞间隙

调整火花塞间隙时，将火花塞侧电极放入间隙规的缺口部分，再进行调整；在弯曲火花塞侧电极时，不要让间隙规和中心电极接触，避免损坏中心电极。

2. 电极情况　检查火花塞电极是否有烧蚀，如电极边缘被完全磨掉或变圆，应更换火花塞；检查电极是否有明显的积碳或汽油痕迹，如有应用火花塞清洁剂进行清洁，如图 4-62 所示。

（a）正常　　　（b）有积碳　　　（c）有油污　　　（d）有烧蚀

图 4-62　火花塞电极

当火花塞电极烧蚀严重时，需更换火花塞，更换时需同时更换发动机所有的火花塞。

3. 外部情况　检查陶瓷绝缘体是否有裂纹；检查火花塞螺纹连接部分是否有损坏。

（五）火花塞的检查操作步骤

1. 安装车轮挡块和烟道，安装车内三件套。
2. 拉起驻车制动杆，降下驾驶员侧车窗玻璃，拉发动机舱盖释放杆。
3. 打开发动机舱盖，安装翼子板布和前格栅布。
4. 进行预检：检查机油液位、冷却液液位、制动液液位、喷洗液液位。
5. 关闭点火开关，断开点火线圈的电气连接线，如图 4-63 所示。
6. 拆卸点火线圈的固定螺栓，取出点火线圈，如图 4-64 所示。
7. 用专用工具拆下火花塞，并用干净的布遮住火花塞孔，如图 4-65 和图 4-66 所示。
8. 检查火花塞电极是否有烧蚀、积碳和油污。
9. 检查火花塞绝缘体是否有损坏。
10. 检查连接螺纹是否有损坏。
11. 测量火花塞间隙。

图 4-63 拔下点火线圈连接线

图 4-64 拔出点火线圈

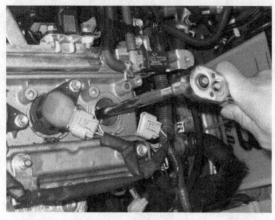

图 4-65 拆卸火花塞

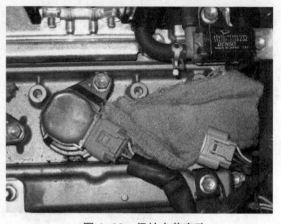

图 4-66 保护火花塞孔

12. 装复火花塞，并按规定扭矩拧紧。
13. 装复点火线圈及电气连接线。
14. 启动发动机，确认发动机运行平稳。
15. 收翼子板布和前格栅布，关闭发动机舱盖。
16. 拆除车内三件套和车轮挡块，对车内外做好 5S 工作。

三、考核评价

1. 车轮挡块和烟道是否安装。
2. 车内外防护是否齐全和到位。
3. 驻车制动杆是否拉起。
4. 检查各液位的方法是否正确，结果是否准确。
5. 拆卸火花塞是否规范。
6. 火花塞孔是否保护。
7. 火花塞检查项目是否齐全规范。
8. 工具选择是否正确，操作是否规范。
9. 操作步骤是否齐全。

项目五 冷却系统检查与维护

知识目标
- 了解冷却系统的结构。
- 会描述冷却系统各部件的作用。
- 能正确检查、更换冷却液。

任务目标
- 能正确检查散热器盖及冷却液系统管路。
- 能正确检查、更换冷却液。

任务一 冷却液管路检查与维护

一、学习目标
- 了解冷却液管路的作用。
- 能正确检查和维护冷却液管路。

二、学习内容

（一）冷却系统的结构

发动机冷却系统主要由散热器、水泵、副水箱、水管等组成，如图4-67所示。

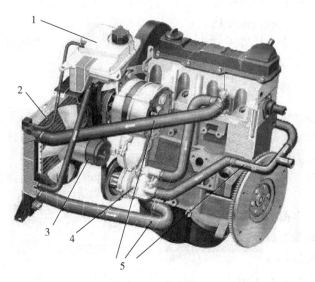

图4-67 冷却系统结构简图

1—副水箱；2—散热器；3—电子风扇；4—水泵；5—水管

（二）冷却液管路的作用

冷却液管路是为冷却液提供循环流动的通道，保证冷却系统正常工作。

（三）冷却液管路的重要性

冷却液外部管路一般为橡胶软管，在使用过程中会老化、开裂，如图4-68所示。如发

汽车定期维护

生冷却液泄漏，冷却液将减少，发动机散热效果变差，水温升高，发动机过热。

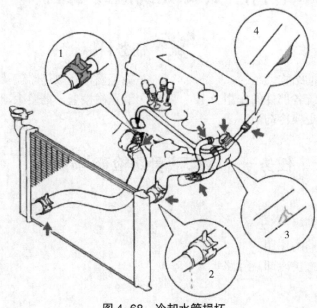

图 4-68 冷却水管损坏

1—夹箍有松动；2—夹箍周围有渗漏；3—橡胶软管有渗漏；4—橡胶软管有凸起

（四）冷却液管路的检查项目

1. 橡胶软管外观检查　检查橡胶软管是否有裂纹、凸起和老化，如有应更换软管。作业时需戴手套，注意安全，避免被烫伤。

2. 管路连接状况检查　启动发动机，暖机后检查管路连接是否可靠；检查卡箍安装是否有松动，如有应加以紧固。

（五）冷却液管路的检查步骤

1. 安装车轮挡块和烟道，安装车内三件套。
2. 拉起驻车制动杆，降下驾驶员侧车窗玻璃，拉发动机舱盖释放杆。
3. 打开发动机舱盖，安装翼子板布和前格栅布。
4. 进行预检：检查机油液位、冷却液液位、制动液液位、喷洗液液位。
5. 启动发动机，并进行暖机。
6. 戴手套，拿手电筒或工作灯。
7. 检查橡胶软管是否有裂纹、凸起和老化。
8. 检查管路连接是否可靠，是否有泄漏。
9. 检查卡箍安装是否有松动。
10. 收翼子板布和前格栅布，关闭发动机舱盖。
11. 拆除车内三件套和车轮挡块，对车内外做好 5S 工作。

三、考核评价

1. 车轮挡块和烟道是否安装。
2. 车内外防护是否齐全和到位。
3. 驻车制动杆是否拉起。

4. 检查各液位的方法是否正确，结果是否准确。
5. 启动发动机前是否检查挡位。
6. 检查项目是否齐全规范。
7. 操作步骤是否齐全。

任务二　散热器盖检查与维护

一、学习目标

- 了解散热器盖的作用。
- 能正确检查和维护散热器盖。

二、学习内容

（一）散热器盖的结构

散热器盖上有自动阀，即空气阀和蒸汽阀，如图4-69所示。

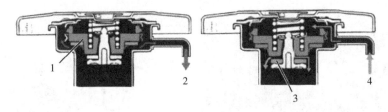

图4-69　散热器盖

1—蒸汽阀；2—水蒸气；3—空气阀；4—空气

（二）散热器盖的作用

散热器盖使发动机冷却系统相对密封，保持系统在一个较高压力范围内工作，从而提高冷却液的沸点。

当散热器中压力超过一定值时，蒸汽阀打开，使水蒸气逸出，防止冷却系统压力过高而损坏；当水温下降，冷却系统中产生的真空度达到一定值时，空气阀就开启，空气进入冷却系统，防止橡胶软管被压扁。

（三）散热器盖的重要性

散热器盖损坏后将造成冷却液泄漏，系统压力不能升高，冷却液沸点降低，容易产生"开锅"现象。如图4-70所示。

图4-70　散热器盖的重要性

（四）散热器盖的检查项目

1.散热器盖密封垫检查　拆下散热器盖，检查其橡胶密封垫是否有裂纹及损坏，如图4-71

所示。

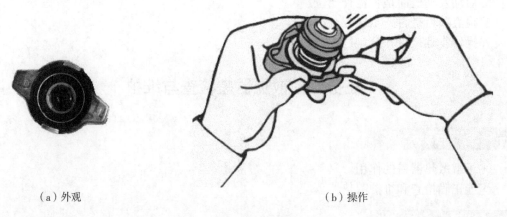

图4-71 检查密封垫圈

拆卸散热器盖时，发动机必须熄火，要注意安全，用一湿毛巾盖住，先旋松45°，进行泄压后，再缓慢旋下散热器盖。

2. 散热器盖空气阀检查　用手指轻轻拉动空气阀的阀芯，检查是否工作良好，如图4-72所示。

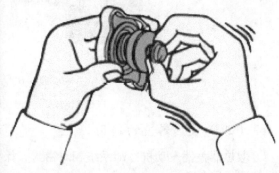

图4-72 检查空气阀

3. 散热器盖蒸汽阀检查　使用专用散热器盖测试仪，检查蒸汽阀的开启压力是否在规定的范围内，如图4-73所示。

（五）散热器盖的检查步骤

1. 安装车轮挡块，安装车内三件套。
2. 拉起驻车制动杆，降下驾驶员侧车窗玻璃，拉发动机舱盖释放杆。
3. 打开发动机舱盖，安装翼子板布和前格栅布。
4. 旋松散热器盖45°，进行泄压。
5. 拆卸散热器盖。
6. 检查橡胶密封垫是否有裂纹、损坏。

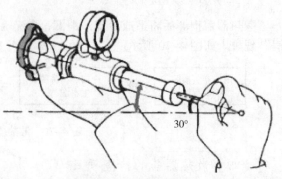

图4-73 检查蒸汽阀

7. 检查空气阀工作是否良好。
8. 检查蒸汽阀工作是否良好。
9. 旋上散热器盖。
10. 收翼子板布和前格栅布，关闭发动机舱盖。
11. 拆除车内三件套和车轮挡块，对车内外做好5S工作。

三、考核评价

1. 车轮挡块是否安装。
2. 车内外防护是否齐全和到位。
3. 驻车制动杆是否拉起。
4. 拆卸散热器盖是否规范。
5. 检查散热器盖是否规范。
6. 操作步骤是否齐全。

任务三　冷却液检查与更换

一、学习目标

· 了解冷却液的作用。
· 能正确检查和更换冷却液。

二、学习内容

（一）冷却液的类型

发动机的冷却液中应加入防冻剂制成防冻液。现在广泛使用长效防冻液，由乙二醇-水混合而成，其最佳混合比为1∶1。

（二）冷却液的作用

冷却液在发动机冷却系统中循环流动，将发动机工作中产生的多余热能带走，使发动机能以正常工作温度运转。冷却液中一般加有防冻液，主要能降低冰点，另有防腐、防沸、防垢等作用。

（三）冷却液的重要性

冷却液不足或变质，将造成水温过高，发动机过热，动力下降等状况；冷却液中的防冻液失效后将不能有效降低冰点，冬天气温低时冷却液可能结冰，造成堵塞水道或散热器撑裂等故障。如图4-74所示。

防冻液需定期更换，周期一般为2年。

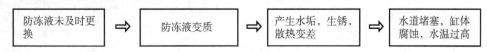

图4-74　冷却液的重要性

（四）冷却液的检查项目

1. 冷却液液位检查　发动机冷态时，冷却系统副水箱的液位应适当，检查其是否处于规定的范围内，如图4-75所示。发动机预热后，泄压后拆卸散热器盖，检查散热器内冷却液液位是否合适，如图4-76所示。

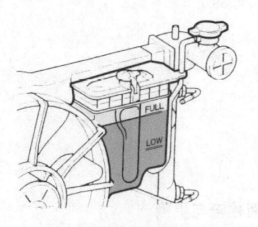

图4-75　检查副水箱液位

图4-76　检查散热器液位

2. 冷却液冰点测量　使用冰点测量仪测冷却液冰点，是否符合当地冬季低温使用要求，如冰点过高，则防冻液过期失效，需更换发动机冷却液。

3. 冷却液更换　当防冻冷却液失效或过期时，需更换发动机冷却液。更换冷却液时要注意保护环境，不能随意排放，应将其收集并当作工业废水处理；当放出的冷却液较脏时，应清洁发动机冷却水道；更换冷却液后，需启动发动机，预热至电子风扇高速旋转，熄火后再次检查冷却液液位是否正常。

（五）冷却液的检查步骤

1. 冷却液检查

（1）安装车轮挡块，安装车内三件套。
（2）拉起驻车制动杆，降下驾驶员侧车窗玻璃，拉发动机舱盖释放杆。
（3）打开发动机舱盖，安装翼子板布和前格栅布。
（4）检查副水箱的液位是否处于规定的范围内，如图4-77所示。
（5）打开副水箱盖，如图4-78所示。
（6）取出冰点测量仪，清洁，并用蒸馏水校零，如图4-79所示。

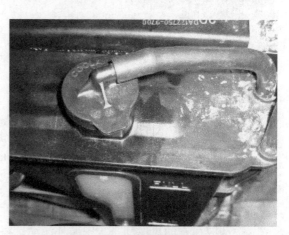

图4-77　冷却液液位偏低

图4-78　打开副水箱盖

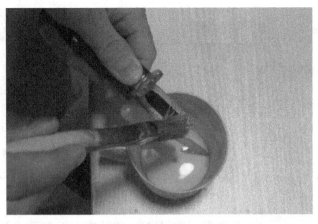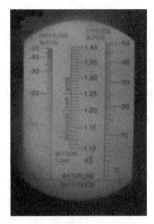

图 4-79　冰点测量仪清洁、校零

（7）用塑料吸管取出少量电解液，如图 4-80 所示。

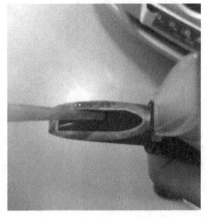

图 4-80　吸收少量冷却液

（8）测量冷却液冰点，微调后读出数值并记录（注意区分乙二醇和丙二醇），如图 4-81 所示。

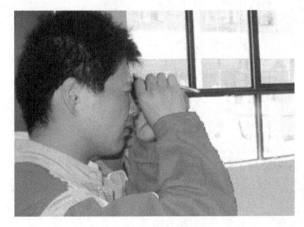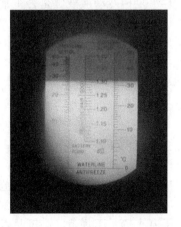

图 4-81　读出冷却液冰点

（9）清洗吸管和比重计，如图 4-82 所示。

（10）装复副水箱盖。

（11）收翼子板布和前格栅布，关闭发动机舱盖。

（12）拆除车内三件套和车轮挡块，对车内外做好5S工作。

2. 冷却液更换

（1）安装车轮挡块和烟道，安装车内三件套。

（2）拉起驻车制动杆，降下驾驶员侧车窗玻璃，拉发动机舱盖释放杆。

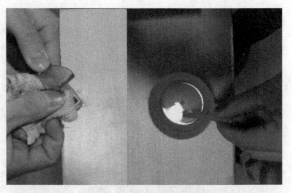

图4-82　清洁冰点测量

（3）打开发动机舱盖，安装翼子板布和前格栅布。

（4）进行预检：检查机油液位、冷却液液位、制动液液位、喷洗液位。

（5）先将散热器盖旋松45°，进行泄压。

（6）拆下散热器盖和副水箱盖。

（7）将车辆举升至适当高度。

（8）松开散热器排放塞，如图4-83所示，排放并收集冷却液。

（9）等冷却液排放完毕后，旋紧散热器排放塞。

图4-83　散热器排放塞

（10）降车，将配好的冷却液加注到散热器和副水箱中。

（11）将散热器加满，副水箱至规定液位。

（12）装复散热器盖和副水箱盖。

（13）启动发动机，暖机至电子风扇高速旋转。

（14）复检冷却液液位是否正常，如液位偏低，需适量补充冷却液。

（15）收翼子板布和前格栅布，关闭发动机舱盖。

（16）拆除车内三件套和车轮挡块，对车内外做好5S工作。

三、考核评价

1. 车轮挡块和烟道是否安装。
2. 车内外防护是否齐全和到位。
3. 驻车制动杆是否拉起。
4. 检查各液位的方法是否正确，结果是否准确。
5. 冷却液冰点检查是否正确规范。
6. 冰点测量仪使用是否规范。
7. 举升车辆是否规范，高度是否适当，举升后是否清洁地面。
8. 冷却液更换是否规范。
9. 操作步骤是否齐全、规范。

项目六　配气机构检查与维护

知识目标
· 了解配气机构的结构。
· 会描述配气机构各部件的作用。

任务目标
· 能正确使用正时皮带。
· 会分析气门异响。

任务一　正时传动皮带检查与维护更换

一、学习目标

· 了解正时皮带的作用。
· 能正确检查和维护正时皮带。

二、学习内容

（一）正时皮带的结构

发动机正时皮带一般为橡胶齿形皮带，但也有的车辆用正时链条，如图4-84所示。

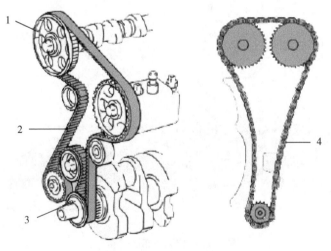

图4-84　发动机正时皮带

1—凸轮轴；2—正时皮带；3—曲轴；4—正时链条

（二）正时皮带的作用

正时皮带将发动机曲轴的旋转动能传递到凸轮轴，保证配气机构正常工作，另外驱动发动机其他附件，如交流发电机、动力转向液压泵、水泵等。

（三）正时皮带的重要性

如正时皮带损坏，气门开关的正时不再同步进行，发动机无法正常工作，并造成气门被顶弯。另外将使交流发电机停止运行，蓄电池电能会衰竭；水泵停止运行，导致发动机过热等故障。如图4-85所示。检查间隔：每10000km或6个月。更换间隔：60000～80000km。

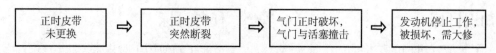

图4-85　正时皮带的重要性

（四）传动皮带的检查项目

丰田花冠轿车采用正时链条和蛇形传动皮带。

1. 传动皮带外观　检查传动皮带的磨损情况，是否有磨损、裂纹、层离、老化等现象；检查传动皮带安装情况，是否正确地安装在皮带轮槽内，如图4-86所示；传动皮带应避免油污。

对于正时皮带，也要检查是否有磨损、裂纹、层离、老化等现象和其安装状况。对于正时链条，要定期检查其磨损情况和润滑是否可靠。

2. 传动皮带张紧度　用手指按压皮带的中部，检查其挠度是否在规定范围内（图4-86）；或者用张力计直接检测皮带的张力是否在正常范围内，测量前张力计需先复位。

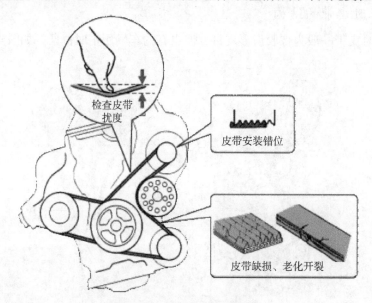

图4-86　传动皮带的检查

如装有皮带自动张紧器，则没有必要调整张紧度，但需检查自动张紧器指示器是否在规定范围内，如图4-87所示。

（五）传动皮带的检查步骤

（1）将车辆举升至适当位置。
（2）举升后清洁地面。
（3）戴上手套，拿着手电筒或工作灯。
（4）检查正时皮带是否有磨损、裂纹、老化等现象，如图4-88所示。
（5）检查正时皮带是否正确地安装在皮带轮槽内。

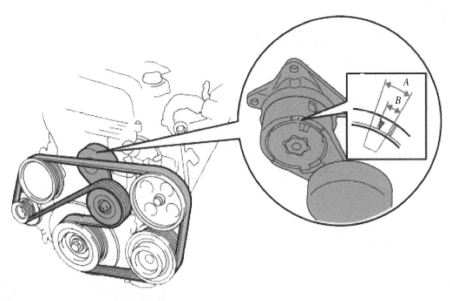

图 4-87　传动皮带自动张紧指示器

A—正常刻度范围；B—实际指示刻度

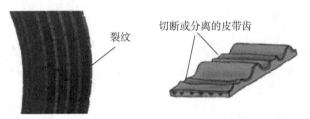

图 4-88　正时皮带损坏

（6）将皮带张力计复位，如图 4-89 所示。

（7）测量传动皮带的张力，如图 4-90 所示，如张力值偏低，需适当调紧张紧力。

（8）工位复位及 5S。

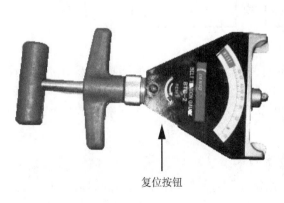

图 4-89　皮带张力计复位

图 4-90　测量正时皮带张紧力（威驰）

单元四　发动机部分

汽车定期维护

三、考核评价

1. 举升车辆是否规范，高度是否适当。
2. 举升后是否清洁地面。
3. 传动皮带检查项目是否齐全规范。
4. 操作步骤是否齐全。

任务二　气门间隙检查与维护

一、学习目标

- 了解气门间隙的作用。
- 能正确检查和维护气门间隙。

二、学习内容

（一）气门间隙的定义

发动机在冷态下，气门处于关闭状态时，凸轮与挺柱之间的间隙称为气门间隙，如图4-91所示。

（二）气门间隙的作用

气门间隙用来消除发动机气门机构的受热膨胀量，保证能使气门正常工作。

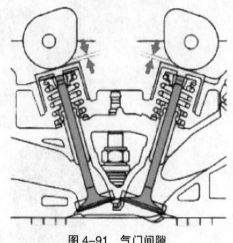

图 4-91　气门间隙

（三）气门间隙的重要性

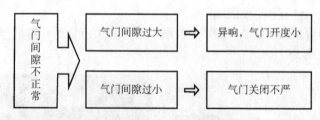

图 4-92　气门间隙的重要性

如图4-92所示，发动机在使用过程中，由于配气机构某些零件的磨损或松动，会导致原有气门间隙的变化，造成气门正时不对或关不严实，产生气门异响和发动机功率下降，因此需定期检查和调整气门间隙，使之符合技术规范。

检查间隔：每20000～40000km或1～2年。

（四）气门间隙的检查项目（气门间隙的测量）

发动机在冷态下，使气门处于关闭状态时，用塞规测量凸轮与挺柱之间的间隙，如图4-93所示。

如发动机气门间隙不符合规定值，必须进行适当调整。在冷车状态下，逐个使气缸活塞处于压缩行程中上止点，通过改变气门调整垫片的厚度，或者通过调整螺钉，来调整所有气门间隙。

为节约时间，可以采用两次调整法来调整气门间隙。

对于采用液压挺柱的配气机构，则无须调整气门间隙；如其气门间隙不符合规定值，则需更换全部液压气门挺柱。

（五）气门间隙的检查步骤

1. 安装车轮挡块，安装车内三件套。
2. 拉起驻车制动杆，降下驾驶员侧车窗玻璃，拉发动机舱盖释放杆。
3. 打开发动机舱盖，安装翼子板布和前格栅布。
4. 启动发动机，听气门脚有无异响。
5. 如气门脚有异响，调整气门间隙。
6. 调整气门间隙后，需再次启动发动机，确认气门脚无异响。
7. 收翼子板布和前格栅布，关闭发动机舱盖。
8. 拆除车内三件套和车轮挡块，对车内外做好5S工作。

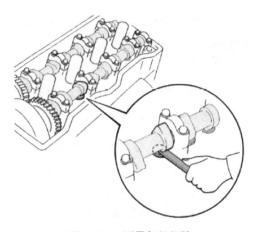

图 4-93　测量气门间隙

三、考核评价

1. 车轮挡块是否安装。
2. 车内外防护是否齐全和到位。
3. 驻车制动杆是否拉起。
4. 是否能正确辨别气门脚的异响。
5. 测量气门间隙是否规范。
6. 调整气门间隙的方法是否规范。
7. 工量具选择是否正确，操作是否规范。
8. 操作步骤是否齐全。

项目七　排气系统检查与维护

 知识目标
- 了解排气系统的结构。
- 会描述排气系统各部件的作用。

 任务目标
- 能正确检查排气管和消声器。

任务　排气管和消声器检查与更换

一、学习目标

- 了解排气管与消声器的作用。

汽车定期维护

·能正确检查和维护排气管与消声器。

二、学习内容

（一）排气管与消声器的结构

排气系统结构如图4-94所示。

（二）排气管与消声器的作用

汇集各气缸的废气，降低废气的温度和压力，消除废气中残余的火星，减小排气噪声，按一定的线路来排出废气。

（三）检查排气管与消声器的重要性

排气管与消声器有损坏，将产生排气泄漏，加剧大气污染，排气噪声明显增大。如有损坏需及时更换相应的排气管或消声器。

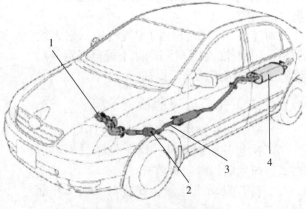

图4-94 排气系统结构简图

1—排气歧管；2—三元催化器；3—排气总管；4—消声器

（四）排气管与消声器的检查项目

1. 排气管安装　检查排气管连接处是否有损坏；检查其支架上的橡胶吊耳是否有脱落或损坏，如图4-95所示。

2. 排气管外观　检查排气管是否有锈蚀和损坏，如图4-96所示；通过观察接头部位是否有炭黑，检查排气管连接处是否有漏气；检查消声器是否有锈蚀和漏气；检查三元催化器是否有损坏。

可以启动发动机并适当加速，通过听排气噪声来判断排气管是否有漏气；作业时，应戴好手套，注意安全，避免烫伤。

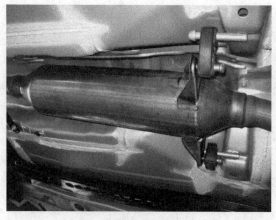

图4-95 排气管吊耳

图4-96 排气管锈蚀

（五）排气管与消声器的检查步骤

1. 将车辆举升至适当高度。
2. 举升后清洁地面。

3. 戴上手套，拿着手电筒或工作灯。
4. 检查排气管连接处垫圈是否有损坏、渗漏，如图 4-97 所示。
5. 检查三元催化器是否有损坏，如图 4-98 所示。
6. 检查排气管是否有锈蚀、损坏、渗漏。
7. 检查橡胶吊耳是否有脱落、损坏，如图 4-99 所示。
8. 检查消声器是否有锈蚀和漏气，如图 4-100 所示。
9. 工位复位和 5S。

图 4-97　排气管连接处

图 4-98　三元催化器

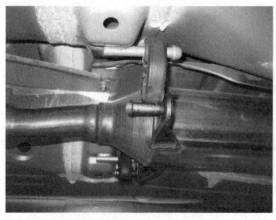

图 4-99　吊耳脱落

图 4-100　消声器

三、考核评价

1. 举升车辆是否规范，高度是否适当。
2. 举升后是否清洁地面。
3. 作业项目是否齐全。
4. 操作时是否戴上手套。
5. 操作步骤是否齐全。

单元五 底盘部分

项目一 制动系统检查与维护

 知识目标
- 了解制动系统的功用与结构组成。
- 了解制动系统维护的重要性。

 任务目标
- 掌握制动系统的检查维护方法。

任务一 行车制动踏板检查与维护

一、学习目标
- 了解行车制动的作用。
- 能正确检查行车制动踏板。

二、学习内容

（一）作用

行车制动器用于控制车辆速度和使车辆停止。一般来说，前轮用盘式制动器，后轮用盘式或鼓式制动器都可以。

（二）结构

行车制动系统的组成，如图5-1所示。

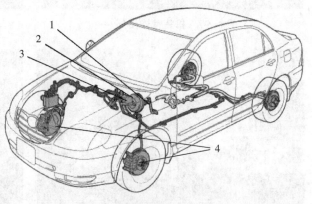

图5-1 行车制动系统的组成

1—制动踏板；2—真空助力器；3—制动总泵；4—盘式制动器

制动踏板1，用于接受外力驱动；真空助力器2，辅助外力施加；制动总泵3，将机械传动转变为液力传动；盘式制动器4，接受液压力并产生制动力输出。

（三）调整制动踏板的重要性

制动系统在经过一段时间使用后，将可能会出现制动性能下降等影响行车安全的问题出现，为了保证行车安全，必须对制动系统进行检查维护。保证正确的制动踏板行程，以获得合适的制动力。保证未踩下制动踏板时，制动器不会拖滞。

检查间隔：每10000km或6个月。

（四）检查与维护项目

1.检查踏板工作状态 通过踩踏制动踏板主要检查以下几项：响应性、完全踩下、过度松动、异常噪声。

2.**检查踏板高度** 踩踏制动踏板使其回至最高位,使用一把钢皮尺测量制动踏板高度。注意:测量从地板面到制动踏板上表面的距离,如果必须要从地毯表面开始测量,则从标准值中扣除地毯的厚度,或者地毯和沥青纸毡的厚度,如图5-2所示。如果超出规定范围,调整踏板高度,通过踏板高度调整螺钉调整,如图5-3所示。

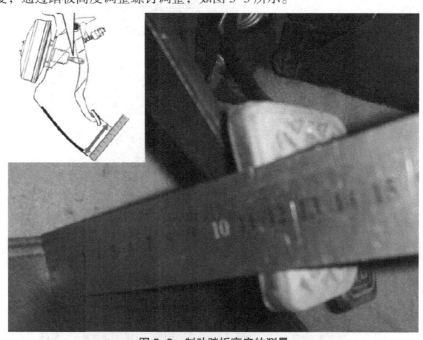

图5-2 制动踏板高度的测量

图5-3 制动踏板高度的调整

3.**踏板自由行程** 踩踏制动踏板使其回至最高位,用手指轻轻按压制动踏板,测量所能按压的行程，该行程即为制动踏板自由行程，如图5-4所示。

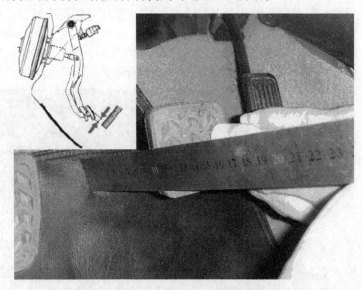

图5-4　踏板自由行程的测量

4. 踏板行程余量　使用90N的力踩下制动踏板，然后用直尺测量踏板行程余量，如图5-5所示。

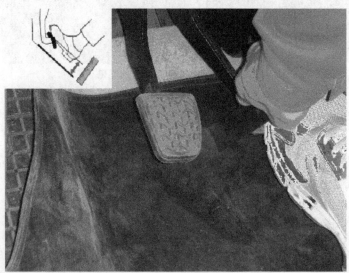

图5-5　踏板行程余量的测量

5. 真空助力器工作状态　主要检查以下几项（图5-6～图5-8）：工作情况、气密性、真空功能。

（五）操作步骤

1. 安装车轮挡块和烟道。
2. 车内防护的安装：套座椅套、方向盘套、排挡杆套，铺地板垫。
3. 拉起驻车制动，降驾驶席车窗玻璃，拉发动机舱盖释放杆。
4. 打开发动机舱盖，安装车外防护，铺翼子板布和前格栅布。
5. 进行预检：检查机油液位、冷却液液位、制动液液位、喷洗液液位。

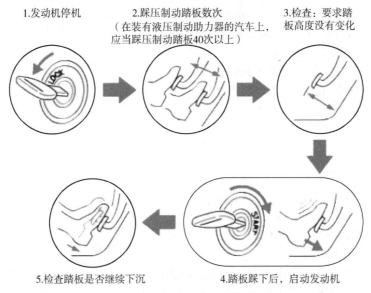

图 5-6 真空助力器工作情况检查

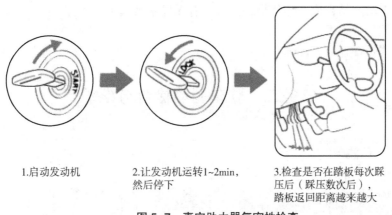

图 5-7 真空助力器气密性检查

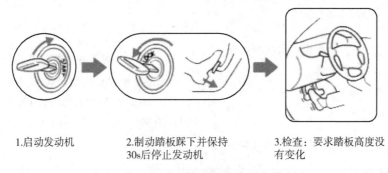

图 5-8 真空助力器真空功能检查

6. 收翼子板布和前格栅布,并关闭发动机舱盖。
7. 检查制动踏板工作状态。
8. 松开驻车制动器(不松开驻车制动器,将会影响踏板行程余量的测量结果)。

9. 踩住踏板，启动发动机（启动前应检查挡位，手动变速器应在空挡，自动变速器应在"P"或"N"挡），检查真空助力器的工作情况。

10. 检查制动踏板的行程余量。

11. 熄火，检查真空助力器的气密性。

12. 检查制动踏板的高度与自由行程。

13. 检查真空助力器的真空功能。

14. 工具复位及 5S。

15. 工位复原及 5S。

三、考核评价

1. 车轮挡块和烟道是否安装。
2. 车内外防护是否齐全和到位。
3. 驻车制动杆是否拉起。
4. 检查各液位的方法是否正确，结果是否准确。
5. 启动发动机前是否检查挡位。
6. 制动踏板检查项目是否齐全、规范。
7. 使用钢皮尺前是否检查零位是否正常（有无异常磨损）。
8. 量具读数是否正确。
9. 操作步骤是否齐全、正确。

任务二　驻车制动检查与维护

一、学习目标

- 了解驻车制动的作用。
- 能正确检查驻车制动。

二、学习内容

（一）作用

驻车制动器主要在车辆停放时使用，对后轮进行机械锁定。防止车辆在无人及停驻状态出现溜车。

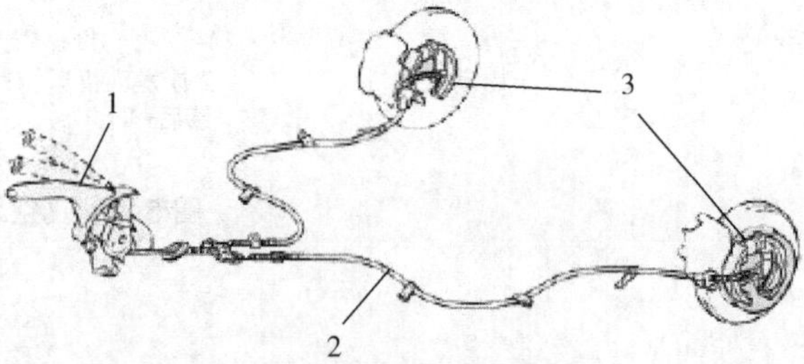

（二）结构

驻车制动器的结构组成如图 5-9 所示。

图 5-9　驻车制动器

1—驻车制动器操纵杆（接受外力驱动）；
2—驻车制动缆线（传递外力）；
3—后制动器（将外力转变为制动力，对后轮进行机械锁定）

（三）调整驻车制动杆行程的重要性

当驻车制动杆行程太长时，有可能产生制动打滑，驻车制动效能降低；当驻车制动杆行程太短时，有可能产生制动拖滞（关于拖滞的检查见鼓式制动器检查与维护任务）。检查间隔：每 10000km 或 6 个月。

（四）检查与维护项目

1. 驻车制动杆行程检查　检查驻车制动杆行程在规定的槽数内（可以听到咔嗒声），如不符合标准，则调整行程。调整方法如下。

先调整驻车制动蹄片间隙：拆卸后轮制动器孔塞，如图 5-10 所示，转动调节器并扩展蹄片直到制动鼓锁定，再回调 8 格槽口，确认蹄片无拖滞，安装调整孔塞，如图 5-11 所示。

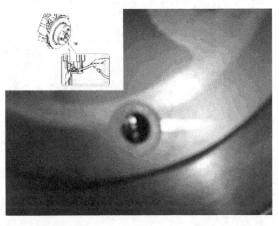

图 5-10　拆卸后轮制动器孔塞

图 5-11　调整驻车制动器蹄片间隙

确保蹄片间隙已调整好，调整驻车制动杆行程：先松开锁止螺母，然后通过调整螺母调整行程。调整完成后，上紧锁止螺母，如图 5-12 所示。

2. 仪表板制动指示灯工作情况检查　确保在操纵杆拉至第一格前，仪表制动指示灯能点亮，如图 5-13 所示。

（五）操作步骤

1. 安装车轮挡块和烟道。
2. 车内防护的安装：套座椅套、方向盘套、排挡杆套，铺地板垫。

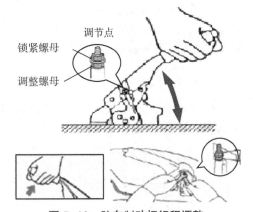

图 5-12　驻车制动杆行程调整

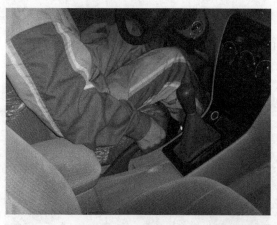 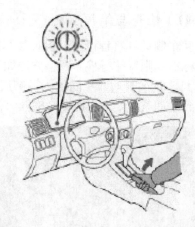

图 5-13　制动警告灯检查

3. 拉起驻车制动，打开点火开关，降驾驶席车窗玻璃。
4. 检查仪表板制动指示灯工作情况。
5. 检查驻车制动杆行程。
6. 工位复原及 5S。

三、考核评价

1. 车轮挡块和烟道是否安装。
2. 车内外防护是否齐全和到位。
3. 驻车制动杆是否拉起。
4. 检查项目是否齐全、规范。
5. 检查结果是否准确。
6. 操作步骤是否齐全、正确。

任务三　盘式制动器检查与维护

一、学习目标

· 了解盘式制动器的作用。
· 能正确检查盘式制动器。

二、学习内容

（一）作用

在分泵液压力作用下，摩擦片压紧制动盘，产生制动力。

（二）结构

盘式制动器的结构如图 5-14 所示。
1. 制动分泵　接受总泵传来的液力。

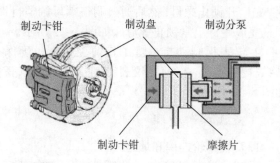

图 5-14　盘式制动器

2. 摩擦片 接受分泵传来的推力,压紧制动盘,产生制动力。

3. 制动卡钳 支撑摩擦片与制动分泵。

（三）盘式制动器检查的重要性

盘式制动器的好坏将直接影响行车安全,盘式制动器在使用一段时间后,可能会出现制动分泵渗漏、摩擦片异常磨损、制动盘损坏等现象,这将导致制动性能下降或严重后果。因此,必须对盘式制动器定期进行检查与维护。检查间隔：每 10000km 或 6 个月。

（四）作业项目

1. 制动分泵的检查 检查制动分泵有无渗漏,防尘罩是否开裂、老化,对于滑动支撑销还应检查其有无锈蚀,如图 5-15 所示。

图 5-15 制动分泵的检查

2. 摩擦片的检查 检查摩擦片有无异常磨损,并测量摩擦片的厚度,根据行驶距离估计下次保养时摩擦片的剩余厚度,当厚度不足 1.0mm 时,进行更换。如图 5-16 所示。

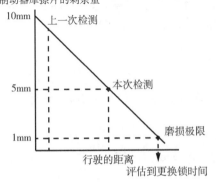
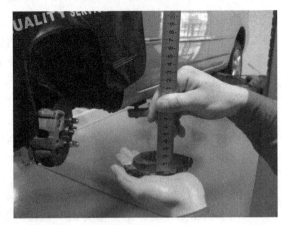

图 5-16 摩擦片厚度测量

3. 制动盘的检查 检查制动盘有无异常磨损,并测量制动盘厚度和端面圆跳动,如图 5-17

所示。如不符合要求，应更换。检查前应进行清洁，测量厚度时，应用千分尺在圆周方向每隔 120°进行测量，取最小值（磨损量最大），如图 5-18 所示；测量端面圆跳动时，应先用两个轮胎螺母对角紧固制动盘，再用百分表测量，测量点在距制动盘外沿 10mm 位置处，如图 5-19 所示。

图 5-17 制动盘外观检查

图 5-18 测量制动盘厚度

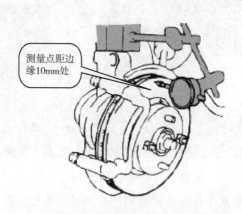

图 5-19 制动盘端面圆跳动的测量

4. 制动拖滞检查 盘式制动器检查完毕后装复，检查制动拖滞。检查时，需两人配合，一人上车踩制动踏板数次，之后再踩住制动踏板时，应不能转动制动盘；在释放制动踏板时，应转动正常、无拖滞感（注意：在转动制动盘时，应正反至少转动一周）。

（五）操作步骤

1. 举升车辆至适当高度。
2. 使用风炮拆卸车轮，具体要求见本单元项目二车轮与轮胎的检查与维护任务。
3. 拆卸制动卡钳。需注意以下几点。
（1）实施操作前，拧上两颗车轮螺母。
（2）将制动盘向外转动一定角度，保证合理的工作空间，以便于操作。
（3）实施操作前，请注意拧松下螺栓的旋向。
（4）在用开口扳手和梅花扳手配合使用时，切记只转动制动卡钳的下螺栓的螺栓头，否则可能会带来严重伤害（手被制动底板划伤）。如图 5-20 所示。

图 5-20　拆卸制动卡钳

4. 用钢丝吊起制动卡钳，取出摩擦片，并检查和测量摩擦片。

5. 检查制动分泵和滑动支撑销（制动液有腐蚀性，如有渗漏注意及时清理）。

6. 用两个轮胎螺母对角紧固制动盘。

7. 目视检查制动盘，确认制动盘无以下异常：制动盘上有刻痕、不均匀或者异常磨损以及裂纹和其他损坏。

8. 测量制动盘厚度与端面圆跳动。

9. 装复盘式制动器。

10. 降车至适当高度。

11. 检查制动拖滞。

12. 工具复位及 5S。

13. 工位复原及 5S。

三、考核评价

1. 举升机操作是否规范，高度是否适当。
2. 是否规范拆装车轮（螺栓对角拆卸）和制动卡钳。
3. 制动分泵检查项目是否齐全、规范。
4. 摩擦片检查项目是否齐全、规范。
5. 制动盘检查项目是否齐全、规范。
6. 工具选择是否正确，操作是否规范。
7. 量具选择是否正确，操作是否规范，读数是否准确。
8. 制动卡钳下螺栓和轮胎是否紧固到规定力矩。
9. 制动拖滞检查是否规范，两人配合是否正确。
10. 操作项目是否齐全。

任务四 鼓式制动器检查与维护

一、学习目标

- 了解鼓式制动器的作用。
- 能正确检查鼓式制动器。

二、学习内容

（一）作用

制动鼓与车轮一起转动，蹄片从内侧压紧制动鼓，产生制动力。

（二）结构

鼓式制动器的结构如图 5-21 所示。

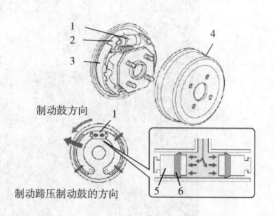

图 5-21 鼓式制动器

1—制动分泵；2—制动蹄片；3—制动衬片；4—制动鼓；
5—分泵活塞；6—活塞密封圈

（三）鼓式制动器检查的重要性

鼓式制动器的好坏将直接影响行车安全，鼓式制动器在使用一段时间后，可能会出现制动蹄片卡滞、制动衬片异常磨损、制动鼓损坏等现象，这将导致制动性能下降或严重后果。因此，必须对鼓式制动器定期进行检查与维护。检查间隔：每 20000km 或 1 年。

（四）检查与维护项目

1. 检查制动蹄片滑动区域　用手移动蹄片，检查制动蹄片滑动区域，确认无以下异常（图 5-22）：蹄片移动不顺畅、蹄片和背板接触面有磨损、生锈。检查完毕后，还应在蹄片和背板接触面涂上高温润滑脂。

2. 检查制动衬片　目视检查制动衬片是否有碎屑、层离等损坏；用钢皮尺测量制动衬片厚度。如图 5-23 所示。

图 5-22 制动蹄片与背板滑动检查

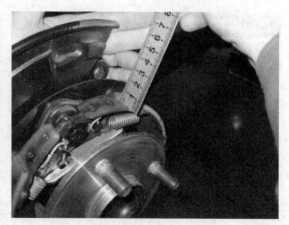

图 5-23 制动衬片检查

3. 检查制动鼓　目视检查制动鼓有无异常磨损和损坏、测量制动鼓的内径。检查和测量制动鼓前应进行清洁，如图 5-24 所示。

图 5-24　制动鼓检查

4. 制动拖滞检查　鼓式制动器检查完毕后装复，检查制动拖滞。检查时，需两人配合，一人上车踩制动踏板数次，之后再踩住制动踏板时，应不能转动制动盘；在释放制动踏板时，应转动正常、无拖滞感（注意：在转动制动盘时，应正反至少转动一周）；在拉起驻车制动杆时，应不能转动制动盘；在释放驻车制动杆时，应转动正常、无拖滞感。

（五）操作步骤

1. 举升车辆至适当高度。
2. 使用风炮拆卸车轮。
3. 拆卸制动鼓。
4. 检查制动蹄片与背板滑动区域。
5. 检查制动衬片外观与测量厚度。
6. 检查制动鼓外观与用游标卡尺测量内径。
7. 装复鼓式制动器。
8. 降车至适当高度。
9. 检查制动拖滞。
10. 工具复位及 5S。
11. 工位复原及 5S。

三、考核评价

1. 举升机操作是否规范，高度是否适当。
2. 是否规范拆装车轮（螺栓对角拆卸）和制动鼓。
3. 鼓式制动器检查项目是否齐全、规范。
4. 制动拖滞检查是否规范，两人配合是否正确。
5. 工具选择是否正确，操作是否规范。
6. 量具选择是否正确，操作是否规范，读数是否准确。
7. 相关螺栓是否紧固到规定力矩。
8. 操作项目是否齐全。

任务五　制动管路检查与维护

> 一、学习目标

- 了解制动管路的布置。
- 能正确检查制动管路。

> 二、学习内容

（一）作用

连接总泵和分泵，为制动液的流通、液力的传动提供管道。如图5-25所示。

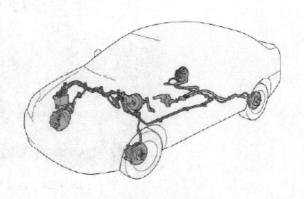

图5-25　制动管路

（二）制动管路维护的重要性

若管路损坏、老化会导致制动液泄漏，制动器不能工作；当制动管路因吸收空气中的湿气或制动液沸腾吸入大量气体，施加在制动分泵上的液压制动力将下降，从而降低制动效能；制动管路中存在气体，还会在分泵上产生锈蚀，使密封圈处泄漏。检查间隔：每20000km或1年。排空气间隔：每10000km或6个月。

（三）作业项目

1. 检查安装于底盘下的制动管路，确认制动管路有无以下异常（图5-26）：制动管路有凹痕或者其他损坏、保护盖上有划痕、有渗漏、安装状况不良。

 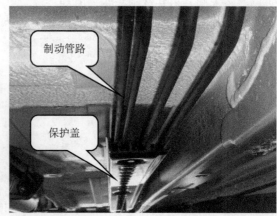

图5-26　制动管路检查（安装于底盘下）

2. 检查车轮旁的制动管路和软管，确认制动管路有无以下异常（图5-27）。

（1）因振动，管路、软管可能会和车身或车轮产生接触（即安装状况，检查时应将车轮拉至左右极限位置）。

（2）制动管路连接部分有液体渗漏。

（3）软管扭曲、磨损、开裂、隆起。

3. 检查安装于发动机舱的制动管路，确认制动管路有无以下异常（图5-28）。

（1）连接部分有液体渗漏。

图 5-27 制动管路检查（车轮旁软管）

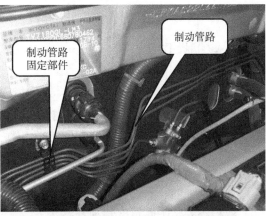

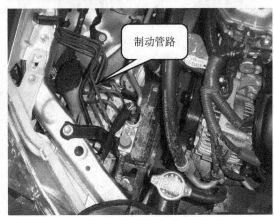

图 5-28 制动管路检查（安装于发动机舱）

（2）制动管路有凹痕或者其他损坏。
（3）软管扭曲、磨损、开裂、隆起。
（4）保护盖上有划痕。
（5）软管和管道的安装不正确。
（6）固定部件松动。

4.双人操作进行制动管路排空气：一人踩踏制动踏板，然后踩住，给制动系统加压；另

汽车定期维护

一人拧松放气螺塞，进行排空气操作，当流出液体中无气泡时按规定力矩拧紧放气螺塞，操作完毕。反复进行，确保制动系统完好，如图 5-29 所示。

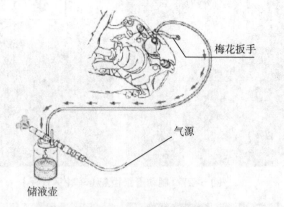

图 5-29　制动系统排空气操作

（四）操作步骤

1. 安装车轮挡块和烟道。
2. 车内防护的安装，套座椅套、方向盘套、排挡杆套、铺地板垫。
3. 拉起驻车制动，降驾驶席车窗玻璃，拉发动机舱盖释放杆。
4. 打开发动机舱盖，安装车外防护，铺翼子板布和前格栅布。
5. 检查安装于发动机舱的制动管路。
6. 举升车辆至适当高度。
7. 清洁地面。
8. 检查安装于底盘下制动管路。
9. 检查车轮旁的制动管路和软管。
10. 下降车辆至适当高度，配合人员进入驾驶室。
11. 再举升至适当高度，拆卸车轮。
12. 使用排气工具对系统进行排气。
13. 装复。
14. 工具复位及 5S。
15. 工位复原及 5S。

三、考核评价

1. 车轮挡块和烟道是否安装。
2. 车内外防护是否齐全和到位。
3. 驻车制动杆是否拉起。
4. 各位置制动管路检查项目是否齐全、规范。
5. 举升车辆是否规范，高度是否适当。
6. 是否规范拆装车轮（螺栓对角拆卸）。
7. 排放空气时两人配合是否默契、规范。
8. 工具选择是否正确，操作是否规范。
9. 操作项目是否齐全。

项目二　行驶系统检查与维护

知识目标
· 了解行驶系统的结构与作用。
· 了解行驶系统维护的必要性。

任务目标
· 了解行驶系统的检查维护项目。
· 能进行行驶系统的检查与维护。

任务一　悬架检查与维护

一、学习目标

· 了解悬架系统的作用。
· 能正确检查悬架系统。

二、学习内容

（一）作用

悬架系统将车轮与车身或车架相连，以便实际支撑车辆；缓冲地面冲击，改善行驶，确保行驶稳定。如图 5-30 所示。

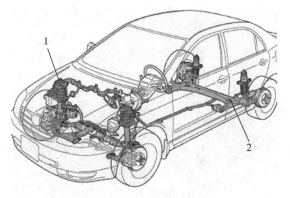

图 5-30　悬架系统

1—前悬架；2—后悬架

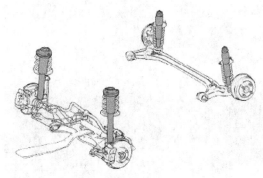

图 5-31　减振器

（二）结构

1. 减振器　减振器通过流过活塞通道的阻力来限制车身或车架的移动，起到缓冲的作用。如图 5-31 所示。

2. 弹簧　缓冲路面冲击力并减少传递到车身上的振动。如图 5-32 所示。

3. 稳定杆　当车辆转弯时，因为离心力发生倾斜，稳定杆扭曲通过弹簧扭转力控制它，并保持轮胎贴紧地。如图 5-33 所示。

汽车定期维护

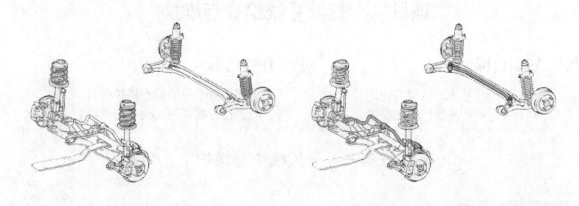

图 5-32　螺旋弹簧　　　　　　　　图 5-33　稳定杆

（三）检查悬架系统的重要性

悬架系统的完好与乘坐的舒适性和操控性有关，若出现故障车辆则不能舒适行驶，甚至出现事故隐患。

检查间隔：每 10000km 或 6 个月。

（四）作业项目

1. 检查减振器减振力　通过按压车身来检查减振器的减振力，主要观察车身上下浮动的次数和所需花费的时间，如图 5-34 所示。

图 5-34　减振器检查

2. 检查车身倾斜　在车辆的正前方和正后方观察车身的倾斜状况，采用半蹲姿势。如图 5-35 所示。如倾斜需进一步确认：轮胎气压；不均匀的负荷分配。

3. 检查减振器及螺旋弹簧　确保无以下异常（图 5-36）。减振器损坏、减振器漏油、减振器上有凹痕、防尘罩有裂纹或其他损坏、螺旋弹簧损坏。

4. 检查稳定杆　用手摇晃稳定杆及稳定连接杆，检查是否有松动；检查外观有无变形或其他损坏。如图 5-37 所示。

（五）操作步骤

1. 安装车轮挡块。

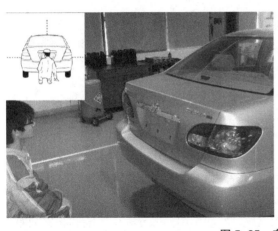
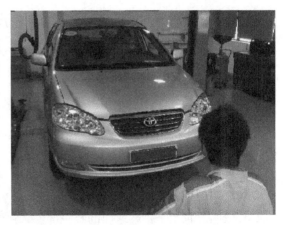

图 5-35　车身倾斜检查

2. 车内防护的安装：套座椅套、方向盘套、排挡杆套，铺地板垫。

3. 拉起驻车制动，降驾驶席车窗玻璃，拉发动机舱盖释放杆。

4. 至车后部，目视检查车辆是否倾斜。

5. 检查后悬架减振器减振力。

6. 至车前部，目视检查车辆是否倾斜。

7. 打开发动机舱盖，安装车外防护，铺翼子板布和前格栅布。

8. 检查前悬架减振器减振力。

9. 举升车辆至适当高度。

10. 清洁地面。

11. 检查减振器及螺旋弹簧（四个位置）。

12. 检查稳定杆。

13. 工位复原及 5S。

图 5-36　减振器检查

三、考核评价

1. 车轮挡块是否安装。
2. 车内外防护是否齐全和到位。
3. 减振器检查项目是否齐全，动作是否规范。
4. 举升车辆是否规范，高度是否适当。
5. 举升后地面是否清洁。
6. 操作步骤是否齐全。

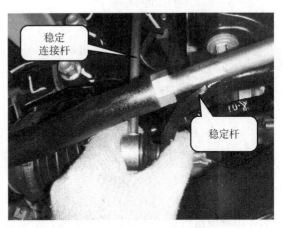

图 5-37　稳定杆及稳定连接杆检查

任务二　车轮与轮胎检查与维护

一、学习目标

- 能正确检查车轮与轮胎。
- 能正确进行车轮换位。

二、学习内容

（一）作用

1. 轮胎　轮胎是接触地面的唯一部件，起到支撑、缓冲作用。可分为子午线胎和斜交胎。如图5-38所示。

2. 轮盘　固定轮胎，与轮胎组合实现行驶、转向、制动。一般由钢或铝合金制成，如图5-39所示。

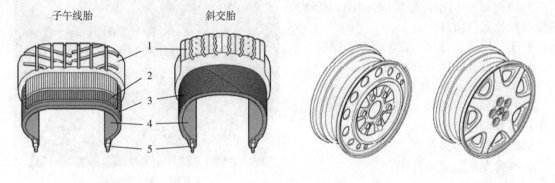

图5-38　轮胎　　　　　　　　图5-39　轮盘

1—胎面；2—刚性缓冲层；3—胎体；4—内胎；

5—胎圈钢丝

（二）结构

轮胎的构成，如图5-38所示。

（三）检查维护的重要性

1. 检查车轮轴承的重要性　如果轴承过紧，没有间隙，就会出现滚动拖滞；如果轴承过松，就会出现异常偏摆和振动。

2. 检查轮胎磨损的重要性　沟槽消失导致轮胎轻易滑动；高速行驶在潮湿路面，不能排水，出现滑水，导致失控；易发生瘪胎、爆胎，缩短使用寿命。

3. 检查轮胎气压的重要性　气压异常，会出现轮胎异常磨损，缩短使用寿命，并导致不能正常工作。

4. 车轮换位的重要性　由于施加在前后轮上的负荷不同，以及磨损程度也不同，定期车轮换位能保证轮胎平均使用，磨损均匀，延长使用寿命。

检查间隔：每10000km或6个月。

（四）作业项目

1.检查车轮轴承　用手晃动车轮，一只手在轮胎上沿，一只手在轮胎下沿，通过反复上推下拉的方式检查，检查是否有任何摆动，如图5-40（a）所示；用手转动车轮，检查有无噪声和转动是否平稳，如图5-40（b）所示。

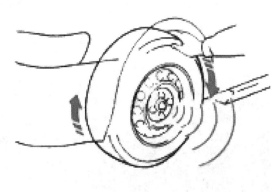

（a）检查是否有摆动　　　　　　　　　　（b）检查有无噪声和转动是否平稳

图5-40　车轮轴承检查

2.检查轮胎　如图5-41所示。

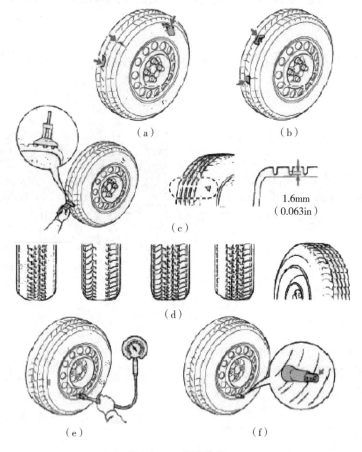

图5-41　轮胎检查

(1)胎面和胎壁裂纹或损坏　注意点：检查时转动轮胎，至少一圈。如图5-41（a）所示。
(2)嵌入金属石子等异物　注意点：检查时转动轮胎，至少一圈。如图5-41（b）所示。
(3)花纹深度　注意点：在圆周不同花纹槽测量至少三处，花纹深度规使用前校零。如图5-41（c）和图5-42所示。
(4)异常磨损　注意点：检查时转动轮胎，至少一圈。如图5-41（d）所示。
(5)轮胎气压　注意点：气压表使用前检查零位是否正常。如图5-41（e）所示。
(6)漏气　注意点：用肥皂水检查，完毕注意5S。如图5-43所示。
(7)轮圈轮盘的损坏　注意点：内外侧都要查。如图5-41（f）所示。

图5-42　花纹深度测量

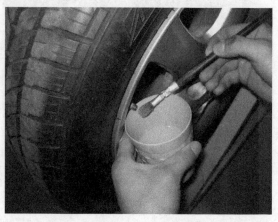

图5-43　漏气检查

如胎压不符要求，可酌情进行充放气作业。

充气：连接气源，控制充气把手，进行充气操作。

放气：连接气源，控制放气按钮，进行放气操作。

注意：严格意义上应该在轮胎有载荷的情况下进行冲放气作业。如图5-44所示。

3.车轮换位　车轮换位规定顺序。如图5-45所示。

（五）操作步骤

1.举升车辆至适当高度。
2.清洁地面。
3.检查车轮轴承。
4.连接气动扳手，注意规范操作。
5.按照交叉顺序拆卸四个车轮螺母。
6.拆卸车轮并做记号（如左前、右后等，避免混淆），置于轮胎架。如图5-46所示。
7.检查轮胎七项（如胎压不符合要求，可酌情进行充放气作业；如达到轮胎换位条件，进行轮胎换位）。

图5-44　轮胎冲放气作业

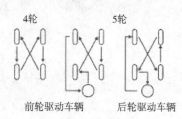

图5-45　轮胎换位

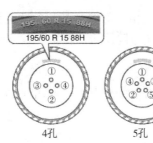
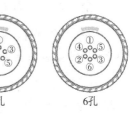

（a）拆卸　　　　　　　　　　　　（b）拆卸顺序

图 5-46　轮胎拆卸及拆卸顺序

8. 工具复位及 5S。
9. 工位复原及 5S。

三、考核评价

1. 举升车辆是否规范，高度是否适当。
2. 车辆举升后是否检查并清洁地面。
3. 检查车轮轴承是否规范。
4. 气动冲击扳手使用是否规范。
5. 轮胎拆卸后是否做记号。
6. 检查轮胎七项是否规范、准确。
7. 工具选择、使用是否正确。
8. 操作步骤是否齐全。

任务三　车桥与车架检查与维护

一、学习目标

- 了解车桥与车架的作用。
- 能正确检查车桥与车架。

二、学习内容

（一）作用

1. 车架　支承车身，承受汽车载荷，固定汽车大部分部件和总成。
2. 车桥　传递车架与车轮之间的各个方向的作用力。

（二）组成

车桥的构成如图 5-47 所示。

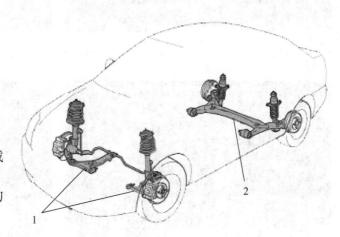

图 5-47　车桥的构成

1—前下臂；2—后托臂（后桥）

（三）检查底盘螺栓和螺母安装状况的重要性

随着车辆的使用，由于颠簸及其他一些因素，会导致底盘螺栓螺母松动甚至松脱，影响行车安全。因此，为了排除隐患，需对螺栓螺母进行检查。

（四）作业项目

检查下述底盘连接的螺栓和螺母是否松动：

1. 中间梁 × 车身；
2. 下臂 × 横梁；
3. 球节 × 下臂；
4. 横梁 × 车身；
5. 下臂 × 横梁；
6. 中间梁 × 横梁；
7. 盘式制动器扭矩板 × 转向节；
8. 球节 × 转向节；
9. 减振器 × 转向节；
10. 稳定杆连接杆 × 减振器；
11. 稳定杆 × 稳定杆连接杆；
12. 转向机壳 × 横梁；
13. 横拉杆端头锁止螺母；
14. 横拉杆端头 × 转向节；
15. 后桥 × 车身；
16. 后桥 × 后桥轮毂；
17. 制动分泵 × 背板；
18. 稳定杆 × 后桥；
19. 减振器 × 后桥。

（五）操作步骤

1. 举升车辆至适当高度。
2. 清洁地面。
3. 用扭力扳手、组合套筒对下列螺栓、螺母进行紧固。如图 5-48 所示。

(a) 中间梁 × 车身（共2个）

(b) 下臂 × 横梁（共4个）

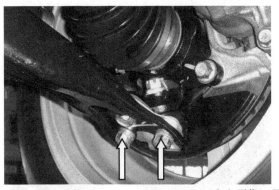

(c) 环节 × 下臂（共4个）

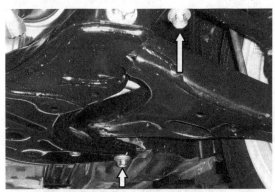
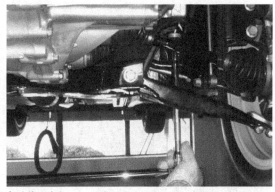

(d) 横梁 × 车身（共4个）

(e) 中间梁 × 横梁（3个）

图 5-48　紧固螺栓、螺母操作

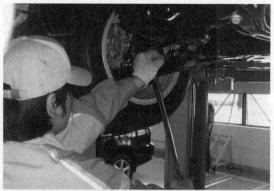

(f)盘式制动器扭矩板 × 转向节（共4个）

(g)减振器 × 转向节（共4个）

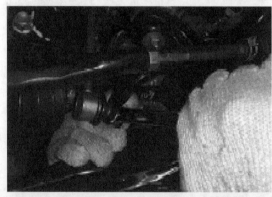

(h)稳定杆 × 稳定杆连接杆（共2个）

(i)后桥 × 车身（共2个）

(j)后桥 × 后桥轮毂（共8个）

(k)制动分泵 × 背板（共4个）

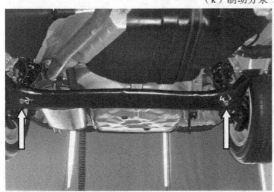
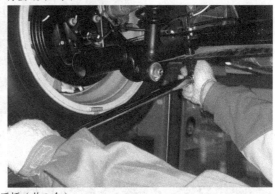

(l)稳定杆 × 后桥（共2个）

(m)减振器 × 后桥（共2个）

图 5-48　紧固螺栓、螺母操作

4. 目视检查下列槽顶螺母、开口销是否损坏，若发现损坏则对螺母进行紧固，并更换开口销。如图5-49所示。

（a）球节×转向节（共2个）　　　　　（b）横拉杆端头×转向节（共2个）

图5-49　紧固螺母、更换开口销

5. 用梅花扳手对稳定杆连接杆×减振器螺母进行紧固。如图5-50所示。

图5-50　紧固稳定杆连接杆×减振器螺母（共2个）

6. 用两把开口扳手对横拉杆端头锁止螺母进行紧固。如图5-51所示。

图5-51　紧固横拉杆端头锁止螺母（共2个）

7. 工具复位及5S。
8. 工位复原及5S。

三、考核评价

1. 举升车辆是否规范，高度是否适当。
2. 车辆举升后是否检查并清洁地面。
3. 是否能正确口述螺栓螺母名称并报出扭矩。
4. 工具选择是否正确。
5. 扭力扳手使用是否规范（扭矩值调整是否正确；紧固前是否检查旋向并锁止；紧固时是否有冲击力；姿势是否正确）。
6. 操作项目、步骤是否齐全。

项目三　传动系统检查与维护

知识目标
- 了解离合器、变速器、驱动轴的作用和结构组成。
- 了解离合器、变速器、驱动轴的维护重要性。

任务目标
- 能正确进行离合器、变速器、驱动轴的检查与维护。

任务一　离合器检查与维护

一、学习目标

- 了解离合器的作用。
- 能正确检查离合器踏板。

二、学习内容

（一）作用

手动变速器的车辆可以通过操作离合器踏板来接通和断开发动机的动力。

（二）结构

离合器的结构组成如图5-52所示。

（三）检查离合器的重要性

合适的行程对于离合器正常工作

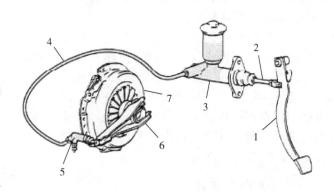

图5-52　离合器的组成

1—离合器踏板；2—推杆；3—总泵；4—液压软管；
5—分泵；6—分离叉；7—离合器盖

是必要的,经过一段时间使用后,可能会有离合器不能分离、分离不彻底等情况的发生,为了保证行车安全,必须在一段时间后对离合器进行检查。

检查的间隔:每 10000km 或 6 个月。

(四)检查与维护项目

1. 检查离合器总泵及连接管路 离合器总泵位于发动机舱制动总泵的一侧,它们共用传动液,两个总泵有管路相连,检查时,主要检查离合器总泵有无渗漏、制动总泵与离合器总泵的连接管路、离合器总泵与离合器分泵连接管路有无渗漏,如图 5-53 所示。

2. 检查离合器踏板工作状况 踩踏离合器踏板,检查应该不存在下述故障(图 5-54):踏板回弹无力、异常噪声、过度松动、踏板有沉重感。

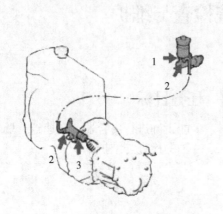

图 5-53 离合器总泵及管路的检查

图 5-54 离合器踏板检查

3. 检查离合器踏板高度 用钢皮尺,测量从地板到踏板上表面的距离,如果必须要从地毯表面开始测量,则从标准值中扣除地毯的厚度,或者地毯和沥青纸毡的厚度。

高度调整:松开限位螺栓锁止螺母,转动限位螺栓直到踏板高度正确,上紧限位螺栓锁止螺母,如图 5-55 所示。

4. 检查离合器踏板自由行程 用手指按压踏板并且使用钢皮尺测量离合器踏板自由行程,如果超出规定范围,调整踏板自由行程。

踏板自由行程调整:松开推杆锁止螺母,转动推杆直到踏板自由行程正确,上紧推杆锁止螺母,调整好踏板自由行程后,检查踏板高度,如图 5-55 所示。

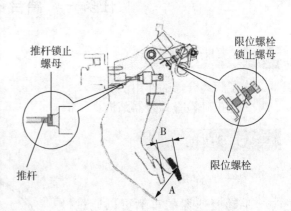

图 5-55 离合器踏板的调整

(五)操作步骤

1. 安装车轮挡块和烟道。
2. 车内防护的安装:套座椅套、方向盘套、排挡杆套,铺地板垫。
3. 拉起驻车制动,降驾驶席车窗玻璃,拉发动机舱盖释放杆。

4. 打开发动机舱盖，安装车外防护，铺翼子板布和前格栅布。
5. 目视检查离合器总泵及管路，确保液体不渗漏。
6. 检查离合器踏板的工作状况。
7. 测量离合器踏板的高度与自由行程，必要时进行调整。
8. 升车窗玻璃，拆除车内防护、车外防护、车轮挡块和烟道。
9. 对工量具及车内外做好 5S。

三、考核评价

1. 车轮挡块和烟道是否安装。
2. 车内外防护是否齐全和到位。
3. 驻车制动杆是否拉起。
4. 检查项目是否齐全到位。
5. 检查方法是否正确。
6. 使用钢皮尺前是否检查零位正常（有无异常磨损）。
7. 量具读数是否正确。
8. 操作步骤是否齐全正确。

任务二　变速箱检查与维护

一、学习目标

- 了解变速箱的作用。
- 能正确检查变速箱。

二、学习内容

（一）作用

1. **手动传动桥**　常用于前轮驱动的车辆，由变速器和差速器统一构成一体，通过接通、断开动力并改变啮合齿轮的组合，改变输出转速、扭矩和旋转方向。

2. **自动传动桥**　根据节气门位置传感器和输出转速传感器等信号，利用液压力控制换挡执行元件，实现自动变速。

（二）结构

1. 手动传动桥的结构组成，如图 5-56 所示。

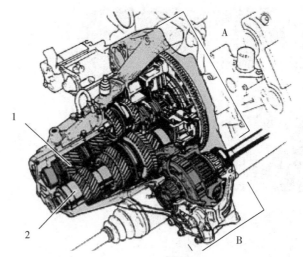

图 5-56　手动传动桥

1—传动齿轮；2—传动轴；A—变速器；B—差速器

2. 自动传动桥的结构组成，如图5-57所示。

（三）维护的重要性

1. 检查手动变速器油的重要性　随着使用它们会氧化和变质，如果不更换油，会形成氧化剂，加速各种零件的磨损。关于油的泄漏，不同于发动机机油，一般情况不会减少，油液的减少无一例外都是由于漏油造成的。检查间隔：40000km 或 4 年。

2. 检查自动变速器液（ATF）的重要性　它会由于使用而变质，如果不更换 ATF，会导致换挡冲击变大，燃油经济性变差，产生噪声。关于油的泄漏，一般情况不会减少，油液的减少无一例外都是由于漏油造成的。

检查间隔：40000km 或 2 年。

更换间隔：80000km 或 4 年。

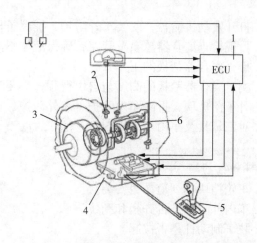

图 5-57　自动传动桥

1—电控单元；2—传感器；3—变矩器；4—液压控制系统；
5—挡位杆；6—行星齿轮装置

（四）作业项目

1. 手动变速器

（1）检查下述区域是否漏油（图 5-58）：各配合表面、轴和拉索伸出的区域、油封、排放塞和加注塞。

（2）油位的检查（图 5-59）：拆下加注塞，将手指插入塞孔，并检查油与手指接触的位置。

图 5-58　手动变速器漏油检查

1—各配合表面；2—加注塞；
3—驱动轴伸出区域；4—排放塞

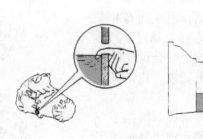

图 5-59　手动变速器液位检查

2. 自动变速器

（1）检查 ATF 泄漏和冷却软管损坏　如图 5-60 所示。检查 ATF 没有从自动变速器的如下位置渗漏：各配合表面、轴和拉索伸出的区域、油封、排放塞和加注塞、管路和软管接头。对于有 ATF 散热器的车型，还需检查冷却管路是否有裂纹、隆起或损坏。

图 5-60　自动变速器渗漏与冷却管路检查

（2）检查自动变速器液位　如图 5-61 所示。启动发动机，并热车，按照从 P 挡到 L 挡的顺序转换换挡杆，每个挡位稍作停留（以使换挡执行元件动作），然后再从 L 挡拉回到 P 挡。通过发动机舱的自动变速器液位尺检查。液位尺上有冷、热两种状态刻度，检查时注意区分。

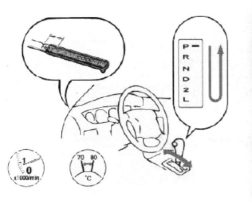 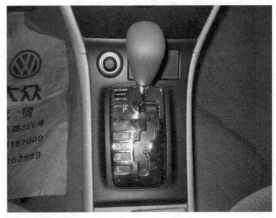

图 5-61　自动变速器液位检查

（五）操作步骤

1. 手动变速器

（1）举升车辆至适当高度，关于举升机的具体操作见单元一。
（2）检查各区域是否漏油。

（3）检查齿轮油液位。
   （4）工具复位及 5S。
   （5）工位复原及 5S。

2. 自动变速器

（1）安装车轮挡块和烟道。
（2）车内防护的安装：套座椅套、方向盘套、排挡杆套，铺地板垫。
（3）拉起驻车制动，降驾驶席车窗玻璃，拉发动机舱盖释放杆。
（4）打开发动机舱盖，车外防护的安装，铺翼子板布和前格栅布。
（5）进行预检：检查机油液位、冷却液液位、制动液液位、喷洗液液位。
（6）启动发动机热车，并拉自动变速器换挡杆。
（7）熄火，并检查 ATF 液位。
（8）举升车辆。
（9）检查下述区域是否漏油：各配合表面、轴和拉索伸出的区域、油封、排放塞和加注塞、管路和软管接头。
（10）检查油冷却软管：是否有裂纹、隆起或者损坏。
（11）工具复位及 5S。
（12）工位复位及 5S。

三、考核评价

1. 车轮挡块和烟道是否安装。
2. 车内外防护是否齐全和到位。
3. 驻车制动杆是否拉起。
4. 检查各液位的方法是否正确，结果是否准确。
5. 启动发动机前是否检查挡位。
6. 举升车辆是否规范，高度是否适当。
7. 车辆举升后是否检查并清洁地面。
8. 变速器各检查项目是否齐全规范。
9. 工具选择是否正确（拆加注塞）。
10. 操作步骤是否齐全。

任务三　驱动轴检查与维护

一、学习目标

- 了解驱动轴的作用。
- 能正确检查驱动轴。

二、学习内容

（一）作用

驱动轴将动力传递给车轮。常用于带独立悬架系统支撑驱动轮的车辆。

（二）结构

驱动轴的结构组成，如图 5-62 所示。

（三）维护的重要性

如果驱动轴护套损坏将导致传动装置万向节润滑不良，从而影响机械使用寿命及驱动力的输出。

检查间隔：20000km 或 1 年。

（四）作业项目

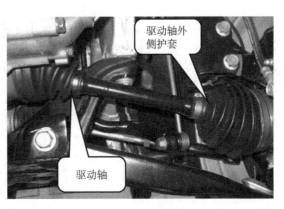

图 5-62 驱动轴

1. 检查驱动轴护套　手动转动轮胎以便它们被完全转向一侧，翻开皱褶处，目视检查驱动轴护套的整个外围是否有任何裂纹或其他损坏，检查时应转动轮胎，为了防止手被轮胎上异物划伤，建议戴手套操作。如图 5-63 所示。

2. 检查卡箍　确保其已经安装并无锈蚀和损坏。注意：内外四个护套都需检查。

（a）驱动轴护套

（b）驱动轴护套检查

图 5-63 驱动轴护套及检查

（五）操作步骤

1. 举升车辆至适当高度。
2. 检查并清洁地面。
3. 检查护套是否有油脂渗漏、是否开裂老化。
4. 检查卡箍是否完好。
5. 工具复位及 5S。
6. 工位复位及 5S。

三、考核评价

1. 举升车辆是否规范，高度是否适当。
2. 车辆举升后是否检查并清洁地面。
3. 检查项目是否齐全、规范（有无转动轮胎、戴手套操作、翻开皱褶检查），做到口到、眼到、手到。
4. 操作步骤是否齐全、正确。

汽车定期维护

项目四　转向系统检查与维护

知识目标
- 了解转向系统的结构与作用。
- 了解转向系统维护的必要性。

任务目标
- 了解转向系统的检查维护项目。
- 能进行转向系统的检查与维护。

任务一　转向操纵机构的检查与维护

一、学习目标
- 了解转向操纵机构的作用。
- 能正确检查转向操纵机构。

二、学习内容

（一）作用

是将驾驶员转动方向盘的操纵力传给转向器。

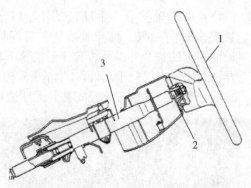

图 5-64　转向操纵机构
1—方向盘；2—主转向轴；3—转向柱管

（二）结构

转向操纵机构的组成，如图 5-64 所示。

（三）检查维护的重要性

如果空行程过大，则导致转向响应性变差并严重影响转向精度；如果转向锁止机构故障，则导致无法锁止或无法解锁，影响使用。检查间隔：每 20000km 或 1 年。

（四）检查维护项目

1. 方向盘自由行程的检查　启动发动机，使车轮呈直线行驶状态，用钢皮尺检查从开始转动方向盘到车轮开始发生偏转时方向盘的移动量，如图 5-65 所示。检查时最好两人配合操作。

图 5-65　方向盘自由行程检查

2. 方向盘安装状况的检查　用手握住方向盘，如图 5-66 所示，横向、纵向晃动方向盘，检查有无松动、摆动现象。

3. 方向盘锁止机构的检查　在拔出点火钥匙状态下，转动方向盘可把主转向轴锁住在转向柱管上，使方向盘不能转动（达到防盗的目的），再将点火钥匙插入并转动到 ACC 位置，检查方向盘是否可自由转动（插入钥匙并略转方向盘

图 5-66　方向盘安装状况的检查

才可打到 ACC 位置）。如图 5-67 所示。

图 5-67　方向盘锁止机构的检查

（五）操作步骤

1. 安装车轮挡块和烟道。
2. 车内防护的安装：套座椅套、方向盘套、排挡杆套，铺地板垫。
3. 拉起驻车制动，降驾驶席车窗玻璃，拉发动机舱盖释放杆。
4. 打开发动机舱盖，安装车外防护，铺翼子板布和前格栅布。
5. 进行预检：检查机油液位、冷却液液位、制动液液位、喷洗液液位。
6. 收翼子板布和前格栅布，并关闭发动机舱盖。
7. 启动发动机（启动前应检查挡位，手动变速器应在空挡，自动变速器应在"P"或"N"挡）。
8. 检查方向盘的自由行程。
9. 熄火并检查方向盘安装状况和方向盘锁止机构。
10. 工具复位及 5S。
11. 工位复位及 5S。

三、考核评价

1. 车轮挡块和烟道是否安装。
2. 车内外防护是否齐全和到位。
3. 驻车制动杆是否拉起。
4. 检查各液位的方法是否正确，结果是否准确。
5. 启动发动机前是否检查挡位。
6. 方向盘检查项目是否齐全、规范。
7. 操作步骤是否齐全、正确。

汽车定期维护

任务二 转向传动与助力机构检查与维护

一、学习目标

- 了解转向传动与助力机构的作用。
- 能正确检查转向传动与助力机构。

二、学习内容

（一）作用

1. 转向传动机构 是将转向器输出的力和运动传到转向桥两侧的转向节，使两侧转向轮偏转，且使两转向轮偏转角按一定关系变化，以保证汽车转向时车轮与地面的相对滑动尽可能小。

2. 转向助力机构 用以将发动机（或电机）输出的部分机械能转化为压力能，并在驾驶员控制下，对转向传动装置或转向器中某一传动件施加不同方向的液压或气压作用力，以助驾驶员实施转向。

（二）结构

1. 转向传动机构 转向传动机构主要由横拉杆、转向球节、转向节、转向器防尘罩组成，如图 5-68 所示。

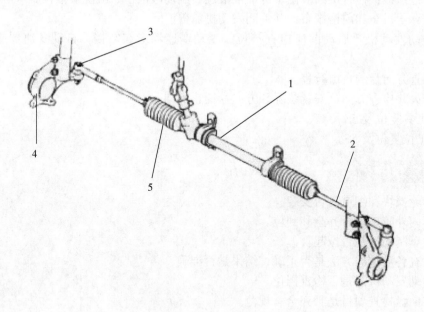

图 5-68 转向传动机构

1—齿轮齿条式转向器；2—横拉杆；3—转向球节；
4—转向节；5—转向器防尘罩

2. 转向助力机构 转向助力机构主要由转向液储液罐、液压缸、转向助力泵等组成，如图 5-69 所示。

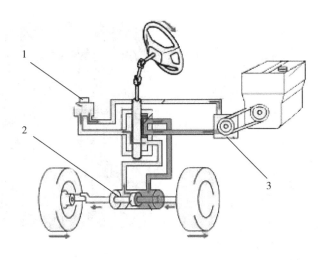

图 5-69 转向助力机构

1—动力转向液储液罐；2—液压缸；3—转向助力泵

（三）检查转向传动与助力机构的重要性

1. 转向传动机构　如果转向传动机构故障，则导致工作效能降低，影响使用；如果连接机构弯曲，则车辆不能直线行驶。检查间隔：每 20000km 或 1 年。

2. 转向助力机构　如果系统中混入空气，则导致系统工作状况下降；如果在转向极限位置，环流液体不能流出，则将破坏这个系统。检查间隔：每 10000km 或 6 个月。

（四）检查维护项目

1. 检查转向横拉杆　目视检查转向横拉杆外观有无变形、弯曲，用手左右上下摇晃转向横拉杆，检查是否松动或摆动，如图 5-70 所示。

2. 防尘罩的检查　主要检查转向器防尘罩和球节端头防尘罩。检查其有无开裂、老化、渗漏润滑脂、卡箍安装是否良好。如图 5-71 所示。

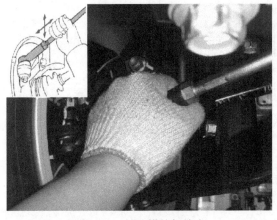

图 5-70 转向横拉杆检查

图 5-71 球节端头防尘罩

3. 检查转向节　检查转向节有无变形或其他损坏。
4. 检查齿轮箱、PS 叶轮泵、各管路和连接点是否有渗漏　如图 5-72 和图 5-73 所示。

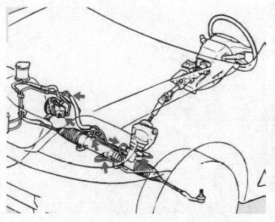 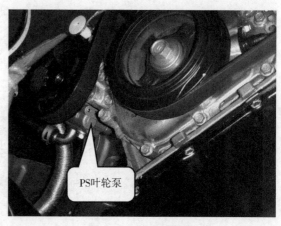

图 5-72 齿轮箱、PS 叶轮泵、各管路和连接点检查　　图 5-73 PS 叶轮泵

5. **检查液位及储液罐相关管路**　在发动机怠速运行时，在保持汽车原地不动时转动方向盘数次（注意：不要使方向盘在任何一侧停留超过 10s，以免损坏助力系统），以便使油液温度升高至 40～80℃，然后使方向盘回到中间位置，熄火后检查储液罐里的液位是否处于规定值之间［注意：刻度有冷车（COOL）和热车（HOT）之分］，再检查发动机运行和停车时的液位差是否在 5mm 之内，同时检查转向助力液是否有起泡或者乳化现象。如图 5-74 所示。

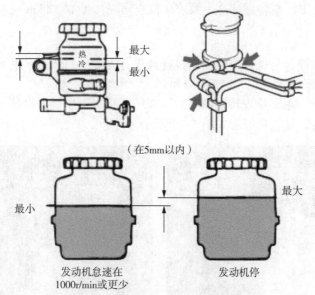

图 5-74　液位及储液罐相关管路检查

（五）操作步骤

1. 安装车轮挡块和烟道。
2. 车内防护的安装：套座椅套、方向盘套、排挡杆套，铺地板垫。
3. 拉起驻车制动，降驾驶席车窗玻璃，拉发动机舱盖释放杆。
4. 打开发动机舱盖，安装车外防护，铺翼子板布和前格栅布。

5. 进行预检：检查机油液位、冷却液液位、制动液液位、喷洗液液位。

6. 收翼子板布和前格栅布，并关闭发动机舱盖。

7. 启动发动机（启动前应检查挡位，手动变速器应在空挡，自动变速器应在"P"或"N"挡）。

8. 检查助力转向器液位及储液罐相关管路。

9. 举升车辆至适当高度。

10. 举升后清洁地面。

11. 检查左右侧转向横拉杆、转向节、防尘罩。

12. 检查齿轮箱、PS叶轮泵、各管路和连接点是否有渗漏。

13. 工具复位及5S。

14. 工位复位及5S。

三、考核评价

1. 车轮挡块和烟道是否安装。
2. 车内外防护是否齐全和到位。
3. 驻车制动杆是否拉起。
4. 检查各液位的方法是否正确，结果是否准确。
5. 启动发动机前是否检查挡位。
6. 方向盘在任何一侧停留是否超过10s。
7. 举升车辆是否规范，高度是否适当。
8. 车辆举升后是否检查并清洁地面。
9. 检查项目是否齐全、规范。
10. 操作步骤是否齐全、规范。

参考文献

[1] 教育部办公厅，交通部办公厅. 2007年全国中等职业学校"丰田杯"汽车运用与维修技能大赛技术文件. 汽车维护与修理. 2007年增刊（总第187期）. P1~P40

[2] 教育部办公厅、交通运输部办公厅. 2008年全国中等职业学校汽车运用与维修技能大赛技术文件. 汽车维护与修理. 2008年增刊（总第200期）. P1~P50

[3] 江苏省教育厅、江苏省劳动和社会保障厅. 2008年江苏省职业学校"景格杯"汽车维修技能大赛技术文件. 2008

[4] 江苏省职业技术教育学会. 2008年江苏省职业学校"景格杯"汽车维修技能大赛技术文件评分表. 2008

[5] 江苏省职业技术教育学会. 2009年江苏省职业学校"景格杯"汽车维修技能大赛技术文件评分表. 2009

[6] 丰田汽车公司. 汽车维修教程 第一级（上）：汽车基本常识与工作原理. 北京：高等教育出版社，2006

[7] 丰田汽车公司. 汽车维修教程 第一级（下）：汽车维护操作. 北京：高等教育出版社，2006.10

[8] 丰田汽车公司. 汽车维修教程 第二级（上）：汽车维修基础. 北京：高等教育出版社，2006

[9] 丰田汽车公司. 汽车维修教程 第二级（中）：汽车动力总成维修. 北京：高等教育出版社，2006

[10] 丰田汽车公司. 汽车维修教程 第二级（下）：汽车电气设备维修. 北京：高等教育出版社，2006

[11] 中国汽车维修标准化技术委员会. GB/T 18344—2001《汽车维护、检测、诊断技术规范》. 北京：中国标准出版社，2001